NATIONAL
GEOGRAPHIC

UNITE.
ET
INDIVISIBILITE
DE LA
RÉPUBLIQUE.
LIBERTÉ,
ÉGALITÉ,
FRATERNITÉ,
OU LA MORT

NATIONAL GEOGRAPHIC

美国国家地理全球史

法国大革命与拿破仑

The French Revolution and Napoleon

美国国家地理学会 编著 林思遥 张译尹 译

中国出版集团 现代出版社

目录

插图（第2页） 当时的石版画，上面写着法兰西共和国的格言。

插图（第4—5页） 巴黎西岱岛上的巴黎裁判所附属监狱，这里原来是王室寝宫，后来改为国家监狱，玛丽·安托瓦内特就曾被关押在此。

插图（左侧） 《阿尔科莱战役中的拿破仑》，安托万-让·格罗（1771—1835）所作，现藏于凡尔赛宫法国历史博物馆。

概 述

1840 年前后，夏多布里昂（François-René de Chateaubriand）在《墓畔回忆录》（*Mémoires d'Outre-Tombe*）的末章中写道："纵观当今世界，东方国家，包括似乎永远闭关自守的中国也在一场大革命的风暴之中行动起来……欧洲旧秩序消亡……经验和年纪的权威，出身或天性，才华或道德，一切都将被否定，一切都将荡然无存……在城市生活中，一切都转瞬即逝。人们不再接受宗教和道德，要不就是仁者见仁智者见智，各有自己的解释。"[1] 这位作家在一生中见证了欧洲与全世界发生的巨变。风烛残年之际，他用忧郁悲观的语调将此细细道来，而从 1789 年攻占巴士底狱到 1815 年滑铁卢战役之间 27 年的历史显得尤为惊心动魄。

启蒙运动的批判精神和新兴资产阶级的觉醒开启了法国大革命。这是一场非同凡响的政治奇观，是颠覆旧世界、建立新政体的大胆尝试，是 18 世纪进步主义哲学的最佳体现。1789 年大革命与《人权和公民权宣言》（*Déclaration des Droits de l'Homme et du Citoyen*，简称《人权宣言》）的回声传遍了整个欧洲，甚至传到了全世界。然而，大革命虽然开创了人类历史上一个崭新的时代，但自由的口号却被新旧秩序之间的暴力冲突所淹没，法国转瞬就深陷于派系斗争、内战与雅各宾派专政的泥潭之中。

战火也蔓延到了欧洲其他国家。为了把破旧立新的思想传播给其他国家的人民，法国的革命者于 1792 年开始了对外战争，欧洲大陆变成了战场。在这动荡的局势中，一名天赋过人的军人、政治家横空出世，他就是拿破仑·波拿巴。在 1799 年之后的 15 年间，拿破仑都是那段传奇历史的中心人物。他动摇了旧制度建立的国际秩序，为浪漫主义时期的民族和社会革命开辟了道路。

插图（第8—9页） 油画《1815年6月17日的战役（滑铁卢）》，又名《1815年6月17日》，约翰-刘易斯·布朗（John-Lewis Brown，1829—1890）所作，现藏于波尔多美术馆。

插图（左侧） 凯旋门。拿破仑下令在星形广场（今巴黎戴高乐广场）建造凯旋门，以纪念1805年的奥斯特利茨大捷。建筑师为让-查尔格林（Jean-François Chalgrin）和让-阿尔罗·雷蒙（Jean-Arnaud Raymond），灵感来源于罗马的提图斯凯旋门。

[1] 译文摘自东方出版社 2005 年版《墓畔回忆录》，程依荣等译。——译者注

巴士底狱的攻占者

保罗·德拉罗什（Paul Delaroche）1839年的画作，再现了巴黎市政厅前人民起义的场景，现藏于巴黎小皇宫博物馆。

插图（右侧） 自由女神。这是弗朗索瓦·吕德（François Rude，1784—1855）为巴黎凯旋门所作的雕塑作品《马赛曲》中的一部分，现藏于巴黎卢浮宫博物馆。

大 革 命

1789 年，巴黎人民攻占巴士底狱的第二天，英国驻法大使写道：“这是我们这个时代最伟大的革命，它如此重要，却只牺牲了寥寥数人的性命。”对所有人来说，那段令人欢欣鼓舞的日子象征着自由、平等和正义。然而，困难却接踵而至。

1789 年 5 月 5 日，三级会议在凡尔赛宫的梅尼大会堂内召开。三级会议是法国传统的代议制会议，参加者为组成法国社会的三大阶级，即贵族、神职人员和平民。会议的日程遵循古老而严格的规章。有上千名代表参加此次会议，从着装就可以看出他们不同的社会地位。他们在大厅里等候了三个小时，国王、王后和其他王室成员才在凡尔赛式的奢华仪仗中登场。路易十六发表讲话，称国家情势危急，希望与会代表达成共识、挽回局面。接下来，掌玺大臣在发言中强调应做出“有益且必要的改变”。最后，财政总监雅克·内克尔（Jacques Necker）宣读了一份冗长的公共财政状况报告。

如此看来，国王召开三级会议的动机就很明朗了。王国的财政状况促使路易十六征求议员的意见，商议将采取的措施，用国王自己的话来说就是要设法“革除陋习”。从中世纪起，解决财政问题就一直是三级会议的重要任务，不过自 1615 年以来三级会议一直名存实亡。路易十六重新召开三级会议的时候，以为一切都会与从前无异。法国人几个月来一直要求重新召开会议，不过他们中的大多数人也都和国王一样认为不会有什么变化。

对于 5 月 5 日与会的第三等级代表来说，国王的讲话索然无味，财政总监的报告冗长啰嗦，他们只能强忍哈欠机械地鼓掌。但是一个半月之后，情势急转直下，第三等级的代表跟随自己的领袖在凡尔赛的室内网球场集会。在喧哗声中，他们用充满激情的演讲宣告了国家的主权，宣称自己是国家的唯一代表，并发誓在宪法制定之前绝不解散。

这一创举开启了一段动荡的时期。不到一个月后，一场人民起义爆发，最终迫使皇家军队在巴士底狱投降。三个星期后，封建政权被废除。8 月底，国民制宪议会颁布了《人权宣言》。这份宣言使法国人不再只是君主治下的庶民，而成了拥有自然的、不可让渡的权利的公民，他们有权选择自己的领导人。改革的尝试演变成了一场革命。

财政危机

1789 年 5 月召开的三级会议，旨在解决一个具体的经济问题：国库空虚。资助美国的独立战争（1775—1783），对国库来说是一笔巨大的支出。据估计，这笔支出至少高达 200 亿法郎，法国因此负债累累。巨额债务导致了国家财政长期赤字，这个棘手的问题给路易十六后续的统治造成了压力。古老的税收制度无法减少财政赤字、改善经济状况，致使国家濒临破产。

实际上，1788 年法国的税收仅为 4.7 亿法郎，而支出则超过了 6.3 亿法郎，其中一半都是为了偿还国债。因此，当年的赤字高达 1.6 亿法郎。看来唯一可行的

谁能挽救王朝于将倾之时?

18 世纪时，法国的公帑被投入了一个无底洞：战争。1774 年路易十六登基之时，法国仍因为 11 年前结束的七年战争而捉襟见肘，而资助美国独立战争使财政状况雪上加霜。

1774年的国家预算

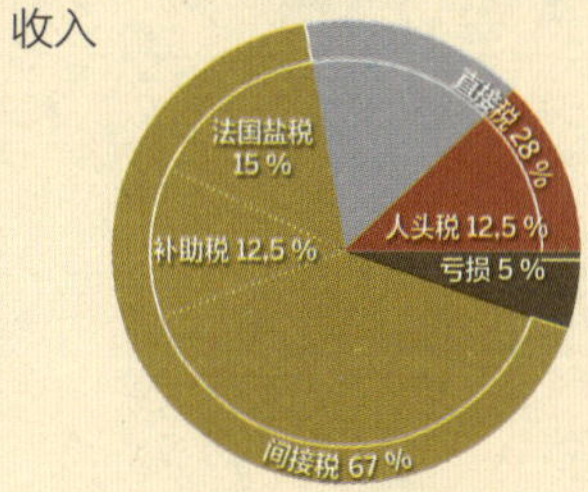

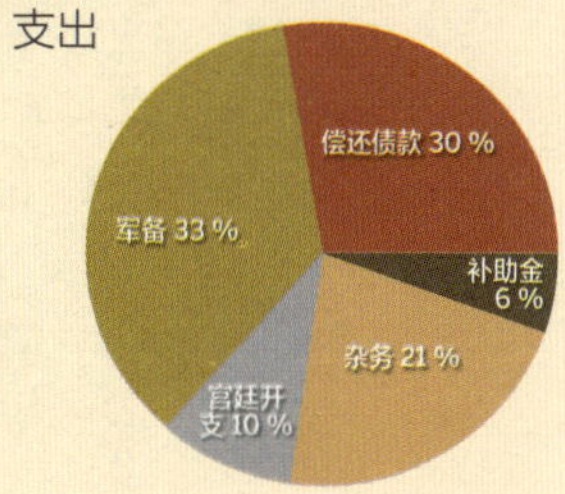

国家债务

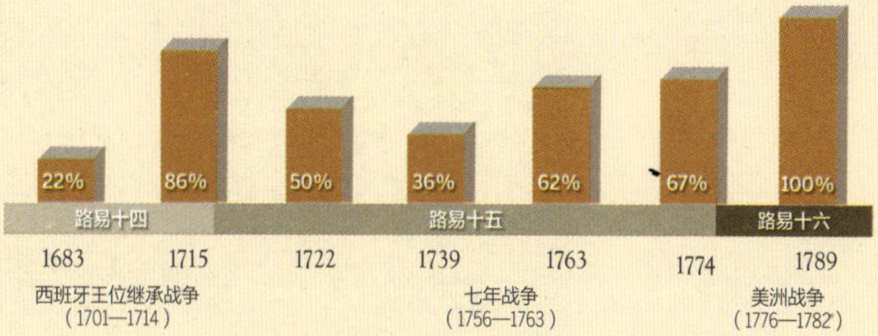

大银行家雅克·内克尔（Jacques Necker，1732—1804）在大革命前夕出任至关重要的国家财政总监一职。内克尔出生于日内瓦，后定居于巴黎。他在巴黎发了大财，并于 1777 年被任命为财政总监，负责改革国家税收制度。在内克尔采取的众多措施中，最重要的是他在致国王的《财政报告书》中公布了国家预算。专家们因此可以就国家收入来源和支出分配展开讨论，但是人们只看到王室的宴会花费和对朝臣的赏赐。其实这些费用并不算高，但公布的数额却足以引起人们对政府腐败的指控。因为这场风波，内克尔于 1781 年被免职。1788 年 8 月，内克尔被召回，他随即迫使国王召开三级会议，而国王则企图再次将他罢免。此事成了 1789 年 7 月 14 日攻占巴士底狱事件的导火索。1790 年 9 月，身为温和派的内克尔被雅各宾派没收财产，内克尔被迫辞职并流亡。他隐居于瑞士的科佩城堡，与女儿斯戴尔夫人（Mme de Staël）一起生活。

插图 油画，约瑟夫-西弗兰·迪普莱西（Jean-Silfred Duplessis）所作，现藏于瑞士科佩城堡。

解决方案就是彻底改革税收制度，以创造更广阔、更稳定的税收基础。以经济哲学家自居的重农主义者主张对所有的土地所有者征收单一土地税，且不存在任何例外或特权。1786年，财政总监卡洛讷（Charles Alexandre de Calonne）接管了这一方案。鉴于保守派在当时的最高法院里占主导地位，可想而知这一方案一定会遭到最高法院的反对。为了避免这一情况，卡洛讷仅召开了显贵会议，因为他认为贵族比法官要温顺。1787年2月，当届显贵会议在凡尔赛宫进行第一次集会。

上一届显贵会议是由红衣主教黎塞留（Armand Jean du Plessis de Richelieu）召开的，144名议员均由国王任命，且都属于特权阶层。他们做出了一系列重大决定，如规定人头税的上限（此处的人头税是一种土地税，主要由农民承担）。

显贵会议决定开放谷类粮食的自由贸易，并以税金代替劳役。但是卡洛讷大力宣扬的“单一土地税”计划却遭到了显贵的抵制，理由是法国规定了征收新税必须得到相关纳税人的同意。代表纳税人的机构是议会，也就是说新税必须得到议会的同意，如过去的三级会议，然而上一次召开三级会议还是1614年的事。

1787年5月显贵会议闭幕前夕，卡洛讷已经被免职，接替他出任财政总监一职

的是德布里安（Loménie de Brienne）。德布里安试图说服巴黎高等法院通过“单一土地税”，但法官们于 7 月份给出了拒绝的答复。为了施压，路易十六在凡尔赛宫召开御临法院会议，即国王亲自主持的最高法院会议。在路易十四及路易十五时期，最高法院往往俯首帖耳于君威之下。但这一次，法官们得到了舆论一边倒的支持，他们拒绝听命，即便是被路易十六流放到了特鲁瓦也无动于衷。除了

凡尔赛宫

凡尔赛宫的大理石庭院位于西入口处，在路易十三时期城堡初建之时就已有此规模。环绕庭院的建筑原本用作寝宫，在路易十五和路易十六时期改建成了办公室，这里也就成了宫殿的中枢。凡尔赛宫见证了法国波旁王朝和君主专制的顶峰以及盛极而衰的结局。

三级会议的构成

神职人员

1789年5月4日，三级会议的开幕游行在凡尔赛举行。不同社会阶层之间泾渭分明，从着装上就可见一斑。三级会议的第一级为神职人员，有291名代表。教区的选举更偏爱来自民间的候选人，因此当选者中仅有46位主教，三分之二的人都只是神甫，而大多数神甫都对任何形式的改革深恶痛绝。

右图 1837年左右路易·布朗热（Louis Boulanger）为法国历史博物馆绘制的壁画《三级会议游行》。

贵族

贵族阶级的代表身着金边华服，帽子上饰有羽毛。他们组成了第二等级，一共有270名代表，其中大部分都是小贵族。他们大多是“贵族精神”的信徒，坚持捍卫自己身为贵族的特权。然而，他们中大约有90多人以自由乃至革命性的思想而独树一帜，他们几乎都来自大家族。

第三等级

第三等级的代表衣着朴素（一袭黑衣，帽子上没有羽毛），却是群众中人气最高的。尽管第三等级代表的是人民群众，但是578名代表的社会地位都不低。其中包括100名银行家、大商人和工厂主，部分教士（如西哀士）和贵族（如米拉波），但没有任何工匠或农民。此外，还有不少文人学者，不过人数最多的还是在政府或服务业任职的资产阶级（包括200名律师）。

软弱无能的路易十六

人们通常认为，路易十六的性格是法国大革命爆发的催化剂。有些人认为是他的软弱无能导致了大革命，还有一些人认为是他拙劣的政治手段扼杀了一切改良的可能性。

路易十六从小接受的教育并没有教他如何应对革命的风暴。他有着良好的修养和无瑕的品德，然而政治知识却十分薄弱。他从来不问政事，甚至唯恐避之不及，打猎与制锁才是他的爱好。国土的担子对他而言太过沉重，他曾经对递上辞呈的大臣马勒泽布（Lamoignon de Malesherbes）说："您至少还可以辞职。"路易十六似乎对政治问题毫无兴趣，但他有着简单纯粹的爱好。1790 年，美国大使指出："身处如此境地，他吃喝尽兴、高枕无忧，兴高采烈得像世界上最快活的人。还能指望他做些什么？"路易十六还是个优柔寡断的人。据说在大革命期间，他似乎不停地在问："我该做什么？""我能做什么？"众人答："行君事！"

插图 《路易十六》，安托万-弗朗索瓦·卡莱（Antoine-François Callet，1741—1823）所作，现藏于巴黎卡纳瓦莱博物馆。

巴黎高等法院之外，外省的法院也坚决反对未经三级会议批准的任何新税。

三级会议召开

1787 年末，路易十六妥协了，他计划在五年内召开三级会议。但到目前为止，紧张局势并未平息。经济危机加上接二连三的饥荒，人民已满腔怒火，而法院正是他们的代言人。为了冲破法院的阻碍，路易十六授意掌玺大臣马勒泽布颁布敕令，大肆削减法院权力。然而此举激怒了人民群众，导致矛盾升级。1788 年 8 月，国库空虚，政府无力维持国内秩序，马勒泽布的敕令也就被废除，法院重掌大权。

三级会议开幕

梅尼大会堂距凡尔赛宫 500 米。为了容纳三个等级的议员，法国政府腾出了大会堂内的一个大厅。与会者严格按照等级就座。国王坐在前方的高台上，座下环绕着群臣。神职人员的席位在国王右侧，贵族在国王左侧，而第三等级则坐在厅内离国王最远的地方。

插图 版画，作画者不详，现藏于巴黎法国国家图书馆。

路易十六不得不宣布三级会议将于1789年5月1日在凡尔赛宫召开，但这也没能结束国内的争议与冲突。目前，还存在两大未知数：代表选举方式及表决投票方式。在过去的几个月内，各个不同的社会群体团结一致，共同对抗君主专制政权，然而这两个问题体现了群众内部在诉求上的分歧。1788年9月，巴黎高等法院登记三级会议召开通知时明确表示议会的组成应“遵循1614年的形式”，也就是说要和上一次三级会议一致。显然，这就意味着旧制度下的三大社会阶级（神职人员、贵族和第三等级）人数相同。然而，会议采用的是集团投票制，每个等级算一票，结果是神职人员和贵族两大特权阶层联合起来就一定能成为多数票。

因此，巴黎高等法院之前赢得的人气立即化为乌有。自由党要求将第三等级的席位翻倍，并且要求将集团投票制改为一人一票。11月底，国王颁布法令将代表总人数定为1000人，也就是默许了将第三等级人数翻倍的要求。不过，直到代表们抵达凡尔赛宫的时候，投票方式仍然是个悬念。

三级会议上关于代表人数和投票方式的辩论，对革命思想的产生起着决定性作用。要求立宪的革命党就是由此诞生的，他们明显不同于仅仅只是反对君主专制的显贵会议和高等法院。在巴黎，自由党人士组成了三十人委员会，坚决主张第三等级人数翻倍和一人一票的投票方式，其中最有名的包括拉法耶特（Gilbert du Motier de La Fayette）、哲学家孔多塞（Nicolas de Condorcet）、作家兼时事评论家米拉波（Honoré-Gabriel Riqueti de Mirabeau）。

那段时期出版了很多支持“全国代表”的小册子，其中最重要的一本就是西哀士（Emmanuel-Joseph Sieyès）的《什么是第三等级？》（*Qu'estce que le Tiers-état？*）。西哀士是出身于资产阶级的教会人士，也是三十人委员会的成员之一。面对希望仰仗自己的特权来主导三级会议的贵族和神职人员，西哀士猛烈地抨击了这两个阶级“可憎的特权”。他认为第三等级代表整个国家，正如他在书的导言中所说：“第三等级是什么？是一切。迄今为止，第三等级在政治秩序中的地位是什么？什么也不是。第三等级要求什么？要求取得某种地位。”[2]

根据从中世纪沿袭下来的习惯，三级会议的代表选举程序和陈情书的撰写同步

[2] 译文摘自商务印书馆1990年版《论特权：第三等级是什么？》，冯棠译。——译者注

法国人民的改革陈情书

为了筹备三级会议，路易十六请各选区的议会任命本区的代表，并收集公民的不满和诉求。由此，写就了成千上万份陈情书，它们一直被保存至今。

每个地区、每个阶级都有自己的诉求。最具进步性的诉求往往出自贵族阶级之手。“出于哲学的原因”，**蓬塔穆松**①的贵族要求废除一切税收方面的特权。**布卢瓦**②的贵族要求完全拥有写作、印刷和出版的自由，因为这是个人自由的基础。神职人员则更为保守。**特鲁瓦**③的神职人员要求国王颁布一部法典来“永远确保国家政府为纯正的君主制”。来自贫困地区或教区的陈情书更关注人民疾苦。**尼姆**④附近于绍镇的居民希望国王下令“不论身份地位，取消所有贵族在地产方面的特权”。**阿图瓦**⑤的居民认为“乡下的农民食不果腹，要付的税款却比富人更高，这并不公平”，他们希望“农民和其他人一样，享有同样的权利”。

插图 1789 年 3 月 17 日，沙特鲁市向布尔日议会提交的陈情书。

进行。城市、村镇、省份和工会都在收集公民的意见并草拟成清单，代表必须将清单上的事项呈报国王，请其加以考虑。这是一场名副其实的民怨海啸，揭示了法国人民水深火热的生活状况。路易十六给了人民宣泄不满的机会，因此在众多陈情书中人民将其称为“正义的路易”，并将他描述成一位理想的、传统的慈父君主。法国人将所有的希望寄托在三级会议上，他们期待仁慈的国王能考虑他们的诉求，期待这场会议能像过去一样对国家进行深度的改革。

最高议会

三级会议于 1789 年 5 月 5 日在凡尔赛开幕。贵族有 270 名代表，其中 28 人来自高等法院。神职人员的代表中有 48 位主教和大主教，35 位修道院院长和 208 位低级神职人员。第三等级由 578 名代表组成，其中大多数人从事自由职业（主要是律师）。在开幕当天的演讲之后，选举制度的问题突然爆发。第三等级的代表坚持使用一人一票制，并要求共同验票。政府和其他两个阶级则是想方设法拖延时间。5 月 27 日，贵族阶级开始了自己的验票程序，他们还是采用各等级分别出席、讨论、组织投票的方式。第三等级则是自行宣布成立英国式的“公民议会”。他们随后对包括神职人员和贵族在内的所有代表进行验票，并邀请其他两个等级的代表参加。身为公民议会主席，西哀士坚信：第三等级是国家的唯一代表。6 月 17 日，“公民议会”更名为“国民议会”，真正的国民议会就此诞生。

6 月 19 日，路易十六用自己的绝对君权对第三等级进行阻挠，他以筹备两天后的国王发言为由关闭了梅尼大会堂的会议厅。6 月 20 日，第三等级的代表在附近一个室内网球场集会并庄严宣誓。《网球场宣言》的内容表明，他们决定在法国宪法制定之前绝不解散。

从那时起，革命的节奏就变快了。比起顽固守旧、忠于君权的高阶教士来说，在神职人员中占大多数的是来自底层的神甫，他们中有许多人都受到了自由党思想的影响，赞成公民议会的倡议；还有 47 名贵族也对公民议会表示支持。在那段时间里，因为痛失年仅 8 岁的儿子，路易十六一直隐居在马尔利城堡。6 月 23 日，他走出城堡向三个阶级发表讲话，而当时三个阶级已经组成了一个统一的议会。国王的

讲话没有引起热烈反响，他在讲话中命令三个阶级分开议事，随后将他们驱散。

神职人员和贵族服从了命令，但是第三等级的代表拒绝离开。会议的主持人质问国民议会主席巴伊为何不遵从王命，巴伊强硬地反驳说："在我看来，国民议会不接受任何命令。"随后米拉波发表讲话，他满腔热血地对同伴说："我希望你们以尊严为盔甲，坚定你们的誓言。在宪法制定之前，我们绝不离开。"代表们的坚持不懈最终得到了回报。6 月 27 日，路易十六做出了让步，他承认了国民议会的地位并且要求贵族和神职人员加入议会。7 月 9 日，代表们开始为法国修订宪法，并将国民议会更名为"国民制宪议会"。

网球场宣言

1789 年 6 月 20 日，穆尼埃（Jean-Joseph Mounier）提议第三等级的同伴共同宣誓："在坚实的基础上制定并巩固法国宪法，在此之前绝不解散。若受形势所迫，则到天涯海角也要坚持集会。"

插图 《网球场宣言》（图中间站在桌子上宣读誓言的是议会主席巴伊），油画，雅克-路易·大卫（Jacques-Louis David）所作，现藏于巴黎卡纳瓦莱博物馆。

攻占巴士底狱

在凡尔赛发生的事情引起了巴黎人民极大的关注，媒体每日跟踪报道议会的辩论。国王的表兄奥尔良公爵是一名自由党贵族，他将自己名下的皇家宫殿的花园布置成了对公众开放的聚会地点，人民群众在此进行激烈的政治讨论，对议会的决议各抒己见。与此同时，几周以来面包一直在涨价，因此整个巴黎被笼罩在紧张的氛围之中。有消息称凡尔赛周围的军队有异动，这让巴黎人民感到更加不安了，他们不禁想到路易十六和君主派顾问可能在准备以武力恐吓议会。7 月 11 日，在亲信的建议下，国王罢免了依然深得人心的内克尔，此举似乎更加坐实了军队异动的传言。事态愈发严重，最终导致武装起义在巴黎爆发。

正当骚乱在巴黎的街头不断扩大之时，国民议会再次宣布定期集会。皇家宫殿内，年轻的律师、时事评论家德穆兰（Camille Desmoulins）坐在桌子上，手中攥着一把枪。他向人群喊道："公民们，我们没有时间可以浪费；内克尔被罢免是一个信号，圣巴托罗缪大屠杀的悲剧将在爱国者身上重演！某一天晚上，德国和瑞士的军队会开出战神广场把我们赶尽杀绝。我们唯一的活路就是夺取武器！"演讲引起了群情激愤。人们把象征希望的绿色帽徽作为集结起义的标志戴在头上，在杜乐丽花园中高高举起内克尔和奥尔良公爵的半身像，然而集结的人群随后就被朗贝斯克亲王（Charles Eugène de Lorraine）率领德国龙骑兵暴力驱散。

卡米尔·德穆兰肖像

法国记者、革命家，于 1794 年 4 月 5 日被处死。无名版画（巴黎杜邦藏品）。

7 月 13 日，参与了三级会议代表选举的市民们在巴黎市政厅集合，热情的人群将他们包围了。在巴黎市长弗莱塞勒的领导下，选民们组成了常务委员会，并组建了一支"资产阶级自卫队"。这支部队最初有 4.8 万名士兵，负责维持城市治安。为了获得武器，自卫队在成立当天就攻取了一个军火库。

但是武器还不够，所以第二天他们又攻占了荣军院。起义者一弹未发就缴获了 3 万把火枪和 12 门大炮，现在只缺弹药了。因此，他们攻向了巴黎东边的巴士底狱。巴士底狱原本是一座堡垒，在 17 世纪变成了王家监狱，里面囚禁过一些著名的文人，如伏尔泰和萨德侯爵（Donatien Alphonse François de Sade），这里因此被视为君主专制的象征。更使巴士底狱臭名昭著的是，拉蒂德（Latude）曾被关押于此。拉蒂德为了获得蓬帕杜夫人的宠信，欺骗她说有人要谋害她，因此锒铛入狱。7 月 14 日巴士底狱被攻占那一天，监狱中只有 7 名囚犯，包括 2 名疯子、4 名造假犯和 1 名因私生活而入狱的贵族。

驻军负隅顽抗，起义者持续进攻数个小时，死亡百余人。因此，驻军投降的时候，伺机报复的起义者杀死了巴士底狱的管理官员洛奈。人民的审判紧接着指向了巴黎市长弗莱塞勒，罪名是没有支持此次行动。在被押往皇家宫殿进行叛国罪审判的路上，弗莱塞勒遇刺身亡。随后，洛奈和弗莱塞勒的首级被穿在长矛上游街示众。

起义者在巴黎的街道上设置起了路障以应对国王的报复，然而国王的军队此时已忙得不可开交，路易十六不得不接受城内的新秩序。资产阶级自卫队更名为“国民自卫军”，由拉法耶特领导。巴黎公社取代选民委员会成为管理机关，巴伊被任命为公社长官，即巴黎市长。7 月 17 日，路易十六来到巴黎，在市政厅内戴上了蓝、白、红三色帽徽。这三种颜色分别代表着巴黎市和法国王室，结合在一起就变成了法国革命的象征。攻占巴士底狱仅仅三天后，国王就展示出了友好的态度并受到集会群众的热烈欢迎，似乎一种将君主政体与民主制度相结合的政治形式已隐约可见。在市政府大厅内，一名女性甚至想要冲上去拥吻国王。

7 月 17 日至 18 日的晚上，部分王室成员离开凡尔赛并逃往国外，其中包括路易十六的弟弟阿图瓦伯爵。因此，就在革命取得了第一场胜利的那一天，也出现了第一批流亡国外的贵族，他们害怕并拒绝新的思想——反革命和革命同时开始了。19 世纪的历史学家儒勒·米什莱（Jules Michelet）认为这段时期是“表面上的平静”，他问道：“信仰该往何处去？”新时代就是在这么一段暧昧不清的过渡和酝酿中开始的。

1789 年 7 月 14 日：攻占巴士底狱

巴士底狱矗立在巴黎东部的圣安托万门附近，是全市最重要的堡垒。修建这座建筑原本是出于城防的需要，而 17 世纪时它被改为王家监狱，成了君主专制的象征。7 月 14 日，人民群众涌向巴士底狱。他们本意并不是要占领这座要塞，而只是想夺取里面的武器和弹药。

洛奈（Bernard de Launay）是当时负责管理巴士底狱的官员。他率领着一支由 32 名瑞士士兵和 82 名老弱残兵组成的驻军，拒绝了巴黎人民的要求。随后，越来越多起义的民众汇聚到巴士底狱周围，其中有很多人都是附近圣安托万镇的居民。双方交火后，一队御林军加入了人民群众一方，将几门大炮架在了巴士底狱门口。洛奈大惊失色，最终打开了大门。在此前几个小时的对峙中因有十多名群众死亡，满腔怒火的人民开始了报复。洛奈被刺杀于前往市政府受审的路上，巴黎市长弗莱塞勒（Jacques de Flesselles）也中弹身亡。

插图 《攻占巴士底狱》，铜版画，现藏于巴黎卡纳瓦莱博物馆。

① **堡垒** 高耸的墙壁和 24 米高的塔楼守卫着巴士底狱，建筑四周环绕着一条 8 米深的沟渠。

② **白旗** 在向起义民众开火之前，驻守的士兵挥舞白旗迎接谈判代表。

③ **驻军** 巴士底狱有 114 名守军和 15 门大炮，士兵通过墙上的枪缝向群众开枪，这是造成群众死伤人数最多的攻击。

④ **外部庭院** 进攻者进入庭院，直接威胁堡垒。但是，他们最终只杀掉了一名守卫，这名守卫还是从塔上摔下来的。

⑤ **大炮** 御林军的士兵加入起义，将大炮架在堡垒前面，并向堡垒开炮。

⑥ **伤亡** 这起事件中一共有 83 名起义者遇难，另外还有 15 人受伤后不治身亡。

⑦ **吊桥** 进攻者切断了支撑吊桥的锁链，夺取了吊桥。

⑧ **人群** 在暴乱中，聚集在大门下看热闹的人比真正进攻的人多得多。

⑨ **领头人** 胡林（Pierre-Augustin Hulin）曾在瑞士近卫队中担任中士，他在此次事件中指挥起义者并带头冲进堡垒。

⑩ **谈判** 布舍龙是巴黎市政府派去与巴士底狱管理官员谈判的人之一。

国民议会的诞生

1789年6月17日

税务

议员们做出了他们第一个革命性的决定：只有经国家代表批准的税项才是合法的。

1789年6月20日

宪法

遵照《网球场宣言》，国民议会开始起草宪法以确定国家行政、经济和司法的组织形式。

1789年8月4日

废除特权

议会废除了包括贵族特权在内的一切旧制度特权，各省、市、行会无一例外。

1789年8月26日

《人权宣言》

宣言规定了一些重要原则，为制定宪法奠定基础。

1789年9月10日

实行一院制

议会以压倒性多数票确定了一院制原则，即国家仅存在唯一一个代表民意的议会。

废除封建制度

巴黎的革命迅速蔓延到外省，新的市政府和国民自卫军也在各地纷纷建立。同时，革命也获得了乡村人民的支持。1788 年到 1789 年，法国多地粮食歉收，而封建领主坚持继续对农民征税，导致农民对领主的敌意大增。在这种情况下，7 月中旬的乡间又谣言四起，说是有成群的地痞、强盗受贵族指使来毁坏庄稼。恐慌的情绪在农村地区蔓延，大家都变得疑神疑鬼。据说在一个村庄里，羊群经过的时候大家都以为是军队来了。这则轶事虽然显得有点夸大其辞了，但显示出农民对贵族的极大怨愤。土匪的疑云和贵族阴谋的传言最终导致暴力事件爆发，很多城堡和修道院遭到洗劫，记录着贵族特权的土地赋税簿籍被销毁，而农民希望借此将贵族的特权也一并废除。

凡尔赛的国民议会得知了外省的动荡。包括很多贵族议员在内，议员们都知道要农民停止攻击城堡，就必须满足他们的要求。8 月 4 日晚，拉法耶特和仅次于国王的大地主艾吉永公爵（Duc de Aiguillon）相继到议会前台讲话，要求废除封建特权。他们认为，与人身自由有关的规定应该被废除，且不需要支付任何赔偿，如农民无需再为领主服劳役。同时，两人还提出所有土地应通过赎买的方式收归国有。议员们热烈支持这一提议，在接下来几个小时内就废除了所有阶级、行会和省、市的特权及一切

玛丽·安托瓦内特

时事评论家常常抨击宫廷内奢靡无度的生活，在路易十六时期，他们最大的目标就是王后玛丽·安托瓦内特。出身于奥地利已经让王后饱受诟病，时人还常常指责她肤浅轻浮又铺张浪费。从凡尔赛到巴黎再到全法国，人们无不对安托瓦内特指指点点，尤其是在1785年的项链事件之后。当时，有人伪造了安托瓦内特的风流韵事并闹上了法院，从此她声名扫地。安托瓦内特住在凡尔赛宫的小特里亚农宫内，不知人间疾苦，以至于她听说人民吃不起面包的时候答道："他们吃蛋糕就好啦。"

项链事件

1785年，巴黎一名珠宝商出售一条镶有540颗钻石的项链，价格十分高昂。两个骗子骗他说王后玛丽·安托瓦内特要买下这条项链，但他们拿到项链之后立刻就逃之夭夭了。当珠宝商去找王后要钱的时候，他才发现自己被骗了。国王和王后没有选择私下解决这件事，而是诉诸法院。这一案件让人联想到王后平时的穷奢极欲、挥霍无度，最终导致人民群起而攻之。

1783年的玛丽·安托瓦内特

安托瓦内特在宫中肆无忌惮是其声名狼藉的原因之一。

插图 玛丽·安托瓦内特肖像画，伊丽莎白·维杰·勒布伦所作，现藏于凡尔赛宫法国历史博物馆。

《人权和公民权宣言》

1789 年 8 月 26 日，国民制宪议会通过《人权宣言》，全文由序言和十七条规定组成，这是法国大革命最伟大的时刻之一。

说起《人权宣言》，人们时常强调它并不完整，因为它虽然宣告了财产权、言论自由、反抗压迫和司法公正的权利，但丝毫没有提及结社、集会和请愿的权利，也没有提到宗教自由。事实上，宣言起草者只是在内部暂时达成了共识，并打算在制宪辩论中加以改进。但由于该宣言在法国内外迅速获得了人民的支持，因此被作为序言保留在 1791 年颁布的宪法中。《人权宣言》的力量不在于细节，而在于充满哲思的序言和简洁明了的首条原则之中，即“人生来就是而且始终是自由的，在权利方面一律平等”。这两者是启蒙运动政治思想的完美诠释。

插图 《人权和公民权宣言》，让-雅克-弗朗索瓦·勒·巴比尔（Jean-Jacques-François Le Barbier）所作，现藏于巴黎卡纳瓦莱博物馆。

税收豁免权，并禁止买卖官职。

议会表决速度之快让一些议员第二天醒来时对前一天的一时冲动后悔不迭，不过决议的执行却是慢条斯理的。在接下来的几个月内，特权废除委员修改了部分特权，并将贵族土地的出售价格定得很高，使很多农民无力购买。1792 年 8 月，吉伦特派颁布的法令才真正废除了封建制度。虽然特权废除的程度有限，但是 8 月 4 日晚的会议建立起了“法律面前人人平等”的原则，从而孕育出了法兰西民族的概念。历史学家弗朗索瓦·福雷（François Furet）认为当晚的会议对司法和哲学也产生了重要影响，因为理性和法律普适性从此深入人心，而这两者正是大革命的基础。

大会还以美国革命中颁布的《权利法案》为蓝本通过了一项关于个人权利的宣言。美国弗吉尼亚州前州长杰斐逊（Thomas Jefferson）当时作为美国驻法大使居住在巴黎，拉法耶特 7 月 11 日提交的宣言草案就是和他共同完成的。关于宣言的辩论，开始于 8 月 20 日。8 月 26 日，议会批准通过了《人权宣言》，内含十七条规定。1791 年，法国宪法将《人权宣言》作为序言收入其中。法国《人权宣言》与美国《权利法案》有很多相同之处，它肯定了每个人都有财产、言论、反抗压迫和抵制司法不公的自由，同时也宣告了卢梭（Jean-Jacques Rousseau）的国家主权原则。在 19 世纪，《人权宣言》被全欧洲的革命者奉为圭臬。

尽管人民士气高涨，看上去似乎大家普遍希望革命，但是议员们对未来的政体仍没有共识，而分歧主要体现在国王可保留的权力等具体问题上。在整个制宪会议过程中，人们一直争论不休，乃至 1791 年宪法通过以后也没有达成一致。

此后，议员们出现了两大派别。一派是君主政体的支持者——他们被对手称为“君主派”，领导者为杰出演说家穆尼埃。他们主张依照英国的模式实行“两院制”，上议院由贵族名流组成，以抵消议会带来的平均主义冲击。不仅如此，他们还主张国王拥有绝对否决权。另一派则由革命党人组成，其中的名人包括米拉波、拉梅特（Alexandre de Lameth）和巴纳夫（Antoine Barnave），还有来自阿拉斯的年轻议员罗伯斯庇尔（Maximilien de Robespierre），他被认为是狂热的革命党人。革命党反对两院制，且只承认国王的搁置否决权。在 9 月 10 日和 11 日的投票中，革命党人以压倒性优势获胜，议会最终决定采用一院制，国王仅有搁置否决权，且可将议会决议搁置两届。

凡尔赛大游行

革命党人的胜利使宫廷里的反革命阴谋死灰复燃。路易十六拒绝签署8月4日通过的法令和《人权宣言》，并将佛兰德步兵团调到凡尔赛宫。10月1日，国王的侍卫宴请佛兰德步兵团的军官，国王也前往赴宴。现场的欢呼声表明，自由党改革没有得到所有人的支持。在现场，有人分发象征着君主制的白色帽徽，并将三色帽徽踩在脚下。这一幕，两天后又重演了。

当这一消息传到巴黎时，人民感到愤愤不平。10月4日，人群涌入市政厅，就连拉法耶特和国民自卫军也没能阻止。在一大群妇女的带领下，游行的队伍朝着凡尔赛宫走去，要求国王批准法令。路易十六承诺签署法令（他在10月5日至6日夜间签署了《人权宣言》），随后王室成员出现在城堡的阳台上，骚乱逐渐被平息。然而，在黎明时分，一群示威者潜入皇宫并直抵几乎没有设防的皇后寝宫，几名护卫被杀害。在押送路易十六、玛丽·安托瓦内特王后和王子前往巴黎的游行队伍中，护卫的头颅被挂在长矛上示众。路易十六一家搬入杜乐丽宫与民众居住在一起，同时也接受民众的监督。作为专制主义和贵族腐败的象征，凡尔赛宫被遗弃了。议员们也随国王一起来到了巴黎。

制宪议会在杜乐丽宫的室内马场安顿下来，他们再也不用担心被旧制度的拥趸背后捅刀子了。10月21日，巴黎市长巴伊发布了戒严令，社会归于平静，议员们得以潜心研究改革大业。一直远居凡尔赛的路易十六，在杜乐丽宫第一次发现了与民同住的乐趣。刚开始的时候，甚至连安托瓦内特王后都觉得很愉悦。到达杜乐丽宫的第二天，她写道："我对人民讲话，民兵和村妇都想和我握手，于是我向他们伸出了手。"当巴黎人民挽留她的时候，她回答说："希望我们的生活安逸富足，希望所有的仇恨都到此为止，希望不再有流血牺牲，到那时只要一点儿血就能吓得人落荒而逃。"

"法国人的国王"和"公民国王"成了路易十六的新头衔，但有舆论认为这并不会对国王权力造成威胁，反而能巩固王位。对这一说法，路易十六也有所耳闻。

1790 年 2 月，他身着一袭黑衣，以平民打扮出席了国民议会，并宣誓会维护和捍卫“宪法规定的自由”，因为宪法是公共意志的成果，而他的意志要符合公共意志。同时，他还承诺会将王子培养成一名“真正的立宪制君主”。为此，巴黎市长巴伊称其为“正义的路易”“善良的路易”“明智的路易”“伟大的路易”。

于是，在普遍高涨的革命热情和爱国情感之下，国王和人民达成了表面上的和解。全国上下随处可见革命的象征：三色帽徽、自由树、世俗节日等，博爱的精神无处不在。从 1789 年年底起，

到凡尔赛去，到凡尔赛去！

随着人民群众的伤亡不断上升，为了打破革命困境，大家寄希望于把国王夫妇转移到巴黎。10 月 4 日，几百名来自圣安托万镇和巴黎菜市场的妇女闯入了巴黎市政府，夺取了里面的长矛和大炮。然后，7000 名有了武装的妇女一边往凡尔赛走去，一边大喊“我们要面包！我们要面包！”，直到抵达凡尔赛见到了国王。同时，跟在她们身后的还有数百名手持武器的男人。

插图 17 世纪版画，作者不详，现藏于巴黎卡纳瓦莱博物馆。

拉法耶特：从美国独立战争到法国大革命

法国大革命爆发时，拉法耶特侯爵年仅 32 岁，但参加美国独立战争的经历已经让他有了丰富的革命经验。

拉法耶特 20 岁时横渡大西洋来到美国，协助美国人对抗英国军队。功成归国时，拉法耶特带回了许多全新的理念，为此法国人将他誉为“两个世界的英雄”。拉法耶特是赞成君主立宪制的自由党人。7 月 14 日起义之后，他被拥戴为巴黎国民自卫军司令。10 月 4 日，拉法耶特逼迫国王夫妇移居巴黎并接受新秩序，因此有人认为是他煽动了凡尔赛大游行。在随后的两年中，拉法耶特以华盛顿为楷模，利用自己的威望巩固君主立宪政体。1790 年联盟节，拉法耶特的声名达到了巅峰。然而，一年之后，他带兵驱散了战神广场上的反君主制示威活动，因而成为雅各宾派的眼中钉。1792 年君主政体垮台之后，拉法耶特逃往奥地利并在那里被捕。

插图 拉法耶特肖像，油画，约瑟夫–德西雷·科特（Joseph–Désiré Court）所作，现藏于凡尔赛宫法国历史博物馆。

法国各地的国民自卫军纷纷组成联盟，到处一片欢乐的气氛。1790 年 3 月，布列塔尼和安茹的自卫军汇聚在卢瓦尔河畔，宣布他们结为联盟同为法国公民："我们既不是布列塔尼人也不是安茹人，而是法国人。我们是同一个国家的公民，我们放弃所有地区特权和个人特权。"在这场反贵族的热潮中，封建宪章被烧毁，伯爵、侯爵等贵族头衔被抹去。"民族团结"作为一个崭新的观念，深入人心。

为了庆祝攻占巴士底狱一周年，巴黎举办了联盟节。人民运动达到高潮，约 2.2 万名国民自卫军士兵从全国各地来到巴黎战神广场，并在 30 万民众面前游行。弥撒过后，联盟军人在巴黎国民自卫军司令拉法耶特的带领下共同宣誓"忠于国家，遵守法律，忠于国王"。随后，路易十六宣誓将运用人民赋予他的权力来捍卫宪法。这次盛大的庆祝活动，全国各地的联盟军人秉承和平的理念聚集在一起，体现了 1789 年《人权宣言》的精神和人民的团结，象征着一个全新的法国就此诞生。米什莱分析说："人民从联盟转向了团结。"不过，节日当天的大雨又似乎兆示着什么。

君主派与革命党

10 月 5 日这一天，反革命阵营形成。由于包括穆尼埃在内的一众领导人外逃，君主派迅速土崩瓦解，英国式的自由主义思想只剩下了零星的支持者，其中包括日内瓦记者马莱（Jacques Mallet du Pan）。他在《法国信使》（*Mercure de France*）杂志上发表文章，一方面阐明绝不可能回归君主专制，另一方面指出温和派正遭受激进主义思想的恐吓："舆论迫切地想把所有持不同意见的人送上断头台或绞刑架。这些激进分子假借自由的名义发出诅咒：'要么信，要么死。'"不过，马莱也并不同情君主派的接班人——"保守派贵族"。保守派贵族指那些希望回归旧秩序的贵族和神职人员。他们在议会中的表现十分积极，充分展示了挑拨离间的"艺术"，其代表人物为卡扎雷斯（Jacques Antoine Marie de Cazalès）和教士莫里（Jean-Sifrein Maury）。

在保守派贵族对面，坐着的是支持继续革命的人。因为革命派和保守派分别坐在议会的左右两侧，人们习惯于称他们"左派"和"右派"，而这两个称呼一直沿用至今。极左派的巴纳夫、拉梅斯和杜波特（Adrien Duport）组成了"三头同

8
6
6
7

盟”，强烈反对两院制和国王的绝对否决权，并支持以最激进的方式进行革命。三人旁边坐着的是罗伯斯庇尔，他以积极支持普选而著称。

在议会外，代表们分派别聚集在一起准备辩论，如保守派贵族的“法国沙龙”、君主派的“君主制俱乐部（后更名为“君主立宪制之友俱乐部”）”、中间偏左的宪政派和革命党的“宪法之友协会”等。议会转移到巴黎之后，宪法之友协会开始在雅各宾修道院集会，因此也被称为“雅各宾俱乐部”。刚开始的时候，只有议员可以加入，但他们很快就开始了扩招。尽管雅各宾俱乐部有点精英主义的性质，要支付会费才能加入，但它依然成了极具影响力的论坛。到 1790 年夏，雅各宾俱乐部会员已超过 1000 人。通过与各地

1792 年雅各宾俱乐部集会

雅各宾修道院坐落在巴黎圣奥诺雷路上。这幅铜版画生动描绘了修道院图书馆内激烈辩论的场景，现藏于巴黎法国国家图书馆。

1790 年联盟节

版画，作于 18 世纪，作者不详，描绘了全国各地的代表齐聚巴黎战神广场的场景。该画作（第 38—39 页）现藏于巴黎卡纳瓦莱博物馆。

米拉波：为平民说话的君主立宪派贵族

米拉波伯爵，原名奥诺雷·加百列·里克蒂，出生于外省的名门望族。米拉波年轻时充满冒险精神，因时常传出花边新闻，导致他和父亲及岳父母的关系都不太好。他曾多次被关进王家监狱，在狱中写了不少低俗小说和政治小册子，其中一本小册子就描述了法国的监禁令和监狱生活。

1789 年，米拉波当选为第三等级的议员。出色的演讲才能、充满激情的演说和关键时刻坚定不移的气概让米拉波很快崭露头角。1789 年 6 月国王下令解散国民议会时，他强硬地反驳道："我们代表人民的意志来到这里，只有死亡能让我们离开。"不过，从 1789 年 10 月起，他就倒向了温和派的阵营，希望用适度的改革来代替革命——他所在党派的座右铭是"拒绝对抗，停止暴动"。随后，米拉波开始为路易十六奔走活动，他建议国王郑重接受革命者的要求，并离开巴黎定居鲁昂，而他自己将会控制住大革命在鲁昂造成的混乱状况。此举让米拉波失去了议会同僚的信任。1791 年米拉波逝世，举国哀悼，并成为第一个入先贤祠的人。米拉波死后，他与王室的往来被人发现，从而名誉扫地。

插图 版画，作于 18 世纪，作者不详，现藏于巴黎卡纳瓦莱博物馆。

分社保持联系，雅各宾俱乐部在将革命思想传播到各省方面发挥了至关重要的作用。

1790 年 4 月，哥德利埃俱乐部诞生。俱乐部的集会地点是一座方济各修道院，而方济各派的修士常在腰间围一根绳子作为腰带，"哥德利埃俱乐部"则因此而得名[3]。由于不收取任何会费，他们在底层人民中非常受欢迎，而且与雅各宾俱乐部不同的是他们还招收女性会员。哥德利埃俱乐部在议会中代表着平民百姓的利益，他们密切关注议会的活动并随时对议会施压。

君主派内部四分五裂，关于民主革命的讨论又永无休止，整个法国社会处于举步维艰的境地。18 世纪，法国人偏爱抽象的哲学，从 1789 年的《人权宣言》中就可见一斑。但在那个动荡的时期，抽象的哲学无法建立起稳固的政权，大革命面临

[3] 法语中，"哥德利埃"意为"系绳子的人"。——译者注

着巨大的挑战。在制宪会议上，一个人清醒地意识到了这一点，他就是米拉波。

一年以后，米拉波认为要抑制革命进程，当时的他虽然仍是革命阵营的一员，但是没有任何人支持他。他看不起拉法耶特，认为拉法耶特不过是抄袭自己的想法，而当时十分活跃又人气很高的“三头同盟”——巴纳夫、拉梅斯和杜波特又看不起他。此外，国王也不像后来那么信任他。更重要的是，法律禁止议员进入政府任职，而米拉波企图无视法律担任部长以便更好地实施他的计划，这导致他更加不得人心。米拉波最终没能成功抑制革命进程，究其原因还是他作茧自缚，因为就是他参与促成了反对教权的政策。

天主教会的问题

议会面临的最棘手的问题，无疑就是如何确定天主教会的地位和作用。秉承启蒙运动的反教权精神，议员们想废除教会的所有特权并阻止教会积累财富。因此，1789 年 8 月 11 日的法令废除了“什一税”，且不给予任何赔偿。11 月 2 日，议会认为教会只是利用土地来维持神职人员开销的国家土地保管人而非土地所有者，因此议会投票决定将教会的土地全部收归国有，其面积约占全国总面积的十分之一。起初议员们声称原教会土地的抵押收入将用于宗教活动，但 1789 年末政府发行了一种名为指券的国家债券，并规定指券所有人可以优先购买国家没收的土地，也就是说原来的教会土地被直接挂牌出售了。从那时起，教会成了一个普通的公共机构。议会当初甚至让教士担任自己的代言人，让他们在讲道台上宣读议会通过的法令。

1790 年 5 月，议会终于就教会组织形式的立法进行了辩论，并颁布了《教士公民组织法》(*Constitution Civile du Clergé*)。该法令的目的一方面使教会结构合理化，让每个省成为一个教区，另一方面使教会选举民主化，从此主教和神甫都由公民选举产生。同时，该法令还保证了神职人员之间人人平等，并按国家最低工资标准给教士发放工资。严格来说，这不是一部反教权法。实际上，很大一部分底层神职人员因此而摆脱了贫困，不必再忍受教会内部不公正的财产分配和等级制度。《教士公民组织法》其实是受到了法国教会自主派人士的启发，他们提倡法国教会应独立于罗马教廷。但是，此法一经颁布就马上遭遇了天主教会的反对，教会之外

也有人认为不应以政治干预宗教，也不应将高级教士等同于公务员。

此外，根据议会的要求，教皇必须接受这项法律并允许法国神职人员向宪法宣誓效忠。忠于宪法是《教士公民组织法》的基本原则之一，也是神职人员领取薪水的先决条件。沉默了数月之后，教皇庇护六世（Pie Ⅵ）对此表示强烈的反对。因为一旦这项法律生效，教皇将再也无法对法国教会造成任何影响。教皇的态度引起了神职人员对法律的抵制，议会被迫将宣誓的最后期限推迟到 1781 年 1 月底。尽管高级教士一致反对做出任何改变，但是底层神职人员却分成了两派：向宪法宣誓效忠的“宪法派”和拒绝宣誓的“抵抗

教皇与大革命

1791 年 3 月 10 日，教皇庇护六世拒绝承认法国大革命宗教政策的基石——《教士公民组织法》。此举直接导致了法国教会分裂，对反革命萌芽产生了至关重要的影响。

插图 当时一幅讽刺教皇庇护六世的铜版画。

路易十六出逃

6 月 20 日至 21 日的晚上，王室成员秘密逃离杜乐丽宫，乘坐马车朝德国边境驶去。

路易十六和王后玛丽·安托瓦内特伪装成仆人跟随在王子、公主的家庭教师图尔泽夫人身后，而图尔泽夫人则自称是科尔夫男爵夫人。他们距目的地蒙梅迪有两天的路程，但是路途中间耽搁了不少时间，给逃跑增加了难度。在到达瓦雷纳的时候，一位名叫德鲁埃（Drouet）的退伍军人认出了国王和王后。两人随后被逮捕，但返回巴黎的路途对他们来说可以算得上是奇耻大辱了。6000 名国民自卫军士兵全程护送国王的马车。半路上，议会派来了两名代表——佩蒂翁（Jérôme Pétion de Villeneuve）和巴纳夫，他们没有请求允许就径直上了马车。一行人抵达巴黎时，民众纷纷对王后破口大骂。为了控制愤怒的人群，议会宣布："对国王鼓掌欢迎的人将被杖责，但对国王出言不逊的人将被绞死。"

插图 右侧为讽刺王室成员被捕的版画，作于 18 世纪；左侧为德鲁埃肖像。

派"。1791 年，教皇拒绝承认《教士公民组织法》和大革命的精神，教会分裂的局面正式形成。

国王出逃被捕

这场宗教冲突，对路易十六产生了很大的影响。刚开始，路易十六在两名自由党主教的劝说下签署通过了《教士公民组织法》。12 月的时候，他也签署了法令要求神职人员向宪法宣誓效忠。然而，由于王后玛丽·安托瓦内特对宣誓的教士心存芥蒂，再加上有传言说教皇反对这项法律，路易十六便开始感到后悔。1791 年

3 月，罗马教廷对《教士公民组织法》的否定最终使路易十六倒向了反对派阵营，他把身边的宪法派神甫换成了一名抵抗派神甫，且不再对这场动摇皇权、教权根基的大革命表示支持。

路易十六本可以成为一名顺应历史潮流的国王，只要他将继承来的君权神授的专制国家改为议会制国家，限制教会对社会的影响，并且和人民一同分享国家主权。然而，他无法摆脱延续了几个世纪的专制传统，所以也无法真心支持革命。他不擅长利用王权进行政治斗争，又害怕新一轮的人民起义爆发，而王位是他无法承受之重。于是，在亲信顾问的建议下，路易十六决定逃跑。

4 月 19 日，路易十六前往圣克劳德城堡参加一名抵抗派神甫主持的复活节弥撒，却遭到人民群众拦截。路易十六本来就打心底里反对革命，这次的拦路事件又让他愈发觉得自己就像是一介囚徒。在王后玛丽·安托瓦内特的坚持之下，路易十六最终同意了在 6 月 21 日晚上逃跑，不过这次冒险却以失败而悲惨告终。他们一开始就耽搁了时间，以至于没有按时到达约定的地点。后来，在马车行驶到边境附近的瓦雷纳时，一名退伍军人认出了国王夫妇。他们因此被捕，并被耻辱地带回了巴黎。

逃跑的企图使国王名誉扫地。国家出现了权力真空期，共和制的人气上升。国王不在的时候，议会接管行政大权并接受了国民自卫军的宣誓效忠。回到巴黎之后，路易十六被停职，且处于人民监视之下。6 月 21 日，哥德利埃俱乐部向议会递交请愿书，要求废黜国王。7 月 14 日，雅各宾俱乐部如法炮制。革命者之间的分歧越来越严重，一些人认为革命目标已经实现，而另一些人则要求继续革命。

在哥德利埃俱乐部和雅各宾俱乐部的引导下，在日益壮大的激进派雅各宾俱乐部议员的煽动下，社会上的风气越来越极端。此时，部分革命党人决定与国王合作，以防止民主革命偏移出安全的轨道。这些人的领导者是巴纳夫，他曾陪同国王和王后从瓦雷纳返回巴黎，因而对王后的镇静敬佩有加，也明白君主制是拦在社会革命前的最后一道屏障。7 月 15 日，在雅各宾派要求废黜国王的第二天，巴纳夫借口说国王并非外逃而是被绑架，要求议会恢复国王的职位。两天后，激进的雅各宾派成员在巴黎战神广场上组织集会，并在国家祭坛前要求立刻废黜国王。在议会的命令下，拉法耶特率领国民自卫军驱散了示威群众。丹东（Georges Jacques Danton）和罗伯斯庇尔等人无视巴黎市长巴伊的戒严令，呼吁群众坚持示威。随后，拉法耶特命令国民自卫军向示威者开枪，造成 50 多人死亡、100 多人受伤。7 月 17 日是革命进程中最关键的时刻之一。

7 月 15 日，巴纳夫宣称农民获得土地的革命目标已经达成，革命已经结束了。他表示应警惕任何极端化倾向："我们要结束革命还是再来一场革命？……如果革命进一步发展，就一定会出现危险：如果想在自由方面更进一步，我们就只能毁灭君主政体了；如果想在平等方面更进一步，我们就只能侵占土地了。"两个月前，杜波特就已经发表过类似的演说，他说："革命已经完成了。"他们都认为接下来的革命应该由立法而不是群众运动来完成，现在到了制定宪法以温和推进革命的时候了。因此，战神广场枪击事件之后的数周内，巴纳夫一行人都在努力推进宪法的制定。

当时，作为巴黎公共意见领袖的极端运动遭到了残酷镇压，包括哥德利埃俱乐部在内的部分俱乐部被关闭，一些报刊被禁止出版，其中包括马拉（Jean-Paul Marat）的《人民之友报》（*L'Amie du peuple*）、孔多塞（Nicolas de Condorcet）的《共和党人》（*Le Républicain*）、德穆兰的《法国和布拉班特的革命》（*Les Révolutions de France et de Brabant*）以及英国人托马斯·潘恩（Thomas Paine）的小报。此外，丹东等起义领导人被流放。与此同时，议会根据保守派原则对宪法进行了修订，君主的行政权得以扩大，国家秩序基本恢复。9 月 30 日，制宪会议主席在闭幕会议上宣布："国民议会已经为国家制定了宪法，王权与自由得以兼顾。"

LIBERTÉ OU LA MORT

档案：世界革命风暴

18 世纪末，一股民主革命风暴从北美发端，随后席卷了西方世界，瑞士、荷兰和波兰等地纷纷爆发革命。

1789 年 7 月 14 日攻占巴士底狱事件是法国君主制内部危机导致的，但它同时也是欧洲乃至世界政治进程的一部分。历史学家将 18 世纪后期定义为“大西洋革命时期”。这一时期，以英属北美殖民地的革命为起点，随后革命运动越过大西洋来到了欧洲北部。

1785 年，荷兰成为第一个真正取得民主革命胜利的国家，尽管这场胜利只是暂时性的。所有这些政治运动都有一个共同点，即它们都是资产阶级团体与各种寡头势力之间的斗争——资产阶级要求更多的权利，要求重新组织政治结构，要求发展舆论，等等。这些革命先例使“革命”的思想在法国萌芽，并直接影响了法国大革命。

《自由》（左图）

歌手谢纳尔（Simon Chenard）身着无套裤汉[4]的服装参加萨瓦的自由节。油画，布瓦伊（Louis Léopold Boilly）所作，现藏于巴黎卡纳瓦莱博物馆。

早期的革命

1776年

美国革命 英属北美殖民地宣告脱离英国而独立。英美之间的战争，持续了六年时间。

1781年

日内瓦革命 在寡头政治的统治下，日内瓦居民感觉被边缘化，于是发动起义夺取了政权。然而，起义很快被镇压。

1785年

荷兰革命 起义在荷兰的数个城市内纷纷爆发，起义者建立起了昙花一现的巴达维亚共和国，荷兰执政官[5]很快就重掌大权。

1789年

列日和布拉班特革命 革命者于1790年建立了比利时合众国，但不久后合众国就以神圣罗马帝国皇帝利奥波德二世入侵而告终。

1792年

萨瓦革命 萨瓦公国被法国占领之后，名为阿洛布罗基国民议会的当地议会投票决定将其并入法兰西共和国。

弗里吉亚帽

弗里吉亚帽代表自由，同时也是巴黎市的象征之一，人们常把三色帽徽别在帽子上。

右图为维济耶法国大革命博物馆藏品。

[4]“无套裤汉”指法国大革命时期衣着褴褛的城市平民。——译者注

[5]“荷兰执政官”也译为“荷兰省督”，是荷兰实际上的国家元首，且职位世袭，相当于国王。——译者注

美国革命

1776 年，各英属北美殖民地纷纷宣布独立，并在各自宪法的基础上建立了共和制政权。经过六年的战争，乔治·华盛顿（George Washington）领导的美国军队在西班牙和法国的支持下取得了胜利。法国的民众为英国战败而欢呼雀跃，尤其是这场战争还有大量法国军人参加，这在他们眼中相当于是亲手报了 1763 年北美殖民地被夺之仇。1777 年，拉法耶特侯爵刚年满 20 岁就作为志愿军前往“新大陆”参战，1781 年归国时他被视为捍卫自由的英雄。

然而，美国革命的影响远不只是“重获自由”那么简单。无论对法国人还是对美国人来说，这场战争都不仅仅是被统治者反抗统治者的起义，而且还是一场将波及全球的前所未有的历史事件。在谈到这件事时，向来谨慎的让蒂（Louis Genty）神甫毫不犹豫地说：“美国的独立是最能加速革命进程的事件，而革命将为世界带来福祉。”（见 1788 年《发现美洲对人类福祉的影响》[*L'Influence de la Découverte de l'Amérique sur le Bonheur du Genre Humain*]）

1776 年，美利坚合众国在革命中诞生，其目的是建立一种全新的政体。与英国的精英主义贵族制政体不同，这一新政体将以人民主权和公民的平等权利为基础。新生的美国被视为民主国家，而人们之前一直认为民主制只适用于古希腊式的小城邦。然而，美利坚合众国证明了它也可以建立在更为广阔的领土上。1787 年，美国完成宪法改革，随后华盛顿当选为美国第一任总统，从此人民更加对民主制度的普适性深信不疑。

很多曾赴美洲参战的法国士兵，归国后都成了自由派乃至民主派人士。1776 年颁布的美国《独立宣言》有着深远的影响，而杰斐逊在其中所写的文字正符合了欧洲人民对政治的期望：“人人生而平等，造物者赋予他们若干不可剥夺的权利，其中包括生命权、自由权和追求幸福的权利。”起初，路易十六政府意识到了《独立宣言》的危险性，并禁止其出版。但是，《独立宣言》依然以手抄本的形式流传，三种印刷版也很快开始发行，人人心照不宣。此外，美国特拉华州、马里兰州、弗吉尼亚州和北卡罗来纳州等的宪法因巧妙的翻译成功避免了审查，也在法国产生了很大的影响。

1776年至1785年，美国革命的重要人物之一本杰明·富兰克林（Benjamin Franklin）来到巴黎，对法国革命发挥了重要作用。富兰克林被美国任命为第一任驻法大使，商谈与法国缔结联盟事宜。来到巴黎后，他立即成了上流社会中的红人，并借机用言辞和行动传播了民主思想。例如，有一次，他不戴假发就出现在众人面前，引起了轰动。杰斐逊曾经是负责起草《独立宣言》的委员会成员，他卸任弗吉尼亚州州长之后便接替富兰克林出任驻法大使且一直到1789年。与富兰克林一样，杰斐逊也和巴黎精英人士保持着密切的联系，尤其是拉法耶特侯爵。

英国投降

这幅画名为《康沃利斯勋爵投降》，由约翰·特朗布尔所作，现藏于华盛顿美国国会大厦。它描绘了1781年美国独立战争期间，英国在决定性的约克镇战役中败北的场景。

动荡的英国

美国独立并不是这一时期的唯一革命运动。美国的起义将民主的种子传播到英国，并得到了许多英国人的同情与支持。1776 年，英国新闻记者兼激进分子要求对议会选举程序进行改革，以提高议会的代表性。这一主张得到了很多人的支持，其中包括议员兼作家埃德蒙·伯克（Edmund Burke）。十三年后，伯克对法国大革命进行了严厉的控诉（见 1790 年《反思法国大革命》[*Réflexions sur la Révolution de France*]）。

1780 年，英国越来越多的地方议会呼吁进行选举改革，普选权和议会每年改选一次的呼声日益提高（当时的议会每七年改选一次）。然而，几个月后，戈登（George Gordon）领导的反革命动乱爆发。6 月 2 日至 10 日，三四万示威者在伦敦街头游行，他们包围了国会并攻占了新门监狱，议会改革计划因此被阻挠。此事史称“戈登暴动”。

后来，议会又数次尝试进行选举改革，均以失败告终。除此之外，部分不信仰英国国教的新教徒吸收了政治改革的思想，提出了自己的诉求，其中主要是宽容对待宗教少数群体。然而，他们的诉求也没能得到满足。美国革命的回声也传到了爱尔兰。从 1783 年起，一批爱尔兰的革命派新教徒要求对议会进行改革，但是他们遭到了伦敦方面的拒绝。

与英国的局势相比，1781 年的日内瓦革命对法国的影响更为直接。数十年来，日内瓦与其他瑞士城市一样成了“贵族公民”和“土民”[6] 斗争冲突的舞台。“贵族公民”指的是掌握了政治大权的 300 个日内瓦大家族，而占总人口三分之一的“土民”则毫无政治权利。1781 年，部分日内瓦贵族联合“土民”占领了城市，并将公民权赋予了“土民”和其他城乡居民团体。这些贵族被称为“代表派”，因为二十年前日内瓦人卢梭的《爱弥儿》和《社会契约论》被禁时也正是他们发出了抗议。

其他日内瓦贵族则向路易十六请求援助。1789 年，法国军队联合伯尔尼和萨瓦的军队共同击败了起义者。起义者中有 1000 多人逃往了法国，他们和其他瑞士来的移民一起活跃在大革命时期的法国政治舞台上。他们组建了赫尔维蒂俱乐部，还曾于 1792 年要求日内瓦并入法国。日内瓦革命时期，一些后来在法国大革命中大展身手的人都曾在瑞士流亡，其中包括米拉波和布里索（Jacques Pierre Brissot）。他们将日内瓦发生的事情告知了法国人民，并揭露了日内瓦寡头和法国波旁王室两大专制政权之间的勾结。

[6] “土民”指日内瓦外来移民之子，不享有政治权利。——译者注

荷兰“革命党”

1785年的荷兰共和国革命中，有一种关于民主政治和人民革命的讲话获得了很高的人气。革命的领导人之一卡佩伦（Van der Capellen）（见右图）于1784年宣布：“这片土地属于全体荷兰人民，而不仅属于王公贵族。这片土地属于你们，你们是自由的巴达维亚人后裔。”另一位革命领导人肯普（Van der Kemp）则希望唤醒人民的意识：“你们要捍卫自己的权利，要从小就向孩子灌输对自由和独立的无限渴望。”荷兰的革命党人为革命运动准备了一整套的标志，如帽徽、绶带和鲜花。他们有段时间甚至禁止使用橙色，因为这是荷兰执政官家族的颜色。1786年年底，革命党人已经准备按照美国的模式召开国民议会，然而英国和普鲁士国王腓特烈·威廉二世的武装干涉使议会的计划流产。

荷兰革命

1785年，荷兰爆发了大规模的革命运动。这场革命完全可以看作是后来数年内欧洲所有民主革命的滥觞。

自17世纪以来，荷兰共和国的每座城市都由贵族阶级统治。这些贵族善于经商且拥有大量土地，他们被称为“摄政”。摄政贵族受荷兰执政官的管辖。执政官为世袭职位，自1747年起就把持在奥兰治家族手中，这一家族因此建立了奥兰治-拿骚王朝。和日内瓦土民一样，荷兰的资产阶级被摄政贵族和政府机关所排斥，日益觉得受到了不公平待遇。美国革命的例子激起了人民的不满情绪，一批自称“革命党”的公民针对新闻界和人民群众发起了宣传运动。

根据古老的历史神话传说，荷兰人是尤利乌斯·恺撒时期一个名为巴达维亚（Batave）的日耳曼部落的后裔。18 世纪末，卡佩伦等革命领袖鼓动荷兰同胞时说，只有继承祖先的自由精神，摆脱执政官和摄政的枷锁，才能真正活得像一个“自由的巴达维亚人”。

荷兰革命者通过追溯遥远的先祖来激发人民反抗封建压迫的自由精神，这种做法在当时的欧洲风行一时。例如，当时的比利时人就自称为“佛兰德革命党”，而佛兰德是恺撒时期一个与罗马人作战的部落。跟风的还有自称赫尔维希亚人后裔的瑞士人、自称阿洛布罗基人后裔的萨瓦人和自称利古里亚人后裔的热那亚人，等等。

1785 年，“巴达维亚革命”在乌得勒支、莱顿和阿姆斯特丹等荷兰主要城市取得了胜利，荷兰执政官决定退位。1786 年，执政官采纳建议取消各个城市三级会议联盟，并代之以国民议会。为了阻挠英国人对荷兰执政官的支持，法国政府站在了革命党人的一边。1787 年，在执政官的英国顾问怂恿之下，普鲁士军队入侵荷兰，而法国对此坐视不理。阿姆斯特丹在被普鲁士军队围困十日之后，终于沦陷。为此，米拉波评论道：“这一天是欧洲的哀悼日。”革命失败之后，约有 4 万名荷兰革命者逃往法国避难，其中有些人后来还参与了法国大革命并将其视为荷兰革命的延续。

法国大革命的影响

1789 年 7 月法国大革命之后，欧洲又爆发了多起革命运动。有些革命是自发的，有些明显是追随法国革命的脚步，还有一些是在法国势力的干预下或法国扩张政策的影响下发生的。

巴黎人民攻占巴士底狱仅仅两周之后，比利时就爆发了一场革命。当时，比利时还是荷兰的一部分，处于奥地利的统治之下。实际上，在比利时爆发了两起革命，它们相互关联，但起因和意义却各有不同。1789 年 8 月 18 日，在列日爆发的资产阶级和人民起义推翻了采邑主教的统治。一个月后，议会通过了一份比法国版更加激进的《人权宣言》，并准备根据“天赋人权”的原则起草宪法。同年 10 月，在今天比利时弗拉芒大区爆发了“布拉班特革命”，奥地利统治者遭到驱逐，贵族

卢梭：大革命时期的作家、思想家

让–雅克·卢梭（Jean–Jacques Rousseau）是对法国大革命影响最深的作家之一。他最广为传阅的作品是《新爱洛伊丝》和《爱弥儿》等哲学小说。除此之外，他的政治著作也在上流精英中取得了巨大的成功并散播了革命的种子，如《论人类不平等的起源和基础》和《社会契约论》。后来，有一位名叫马卢埃（Malouet）的作家描述道：“在三级会议中，没有接受过任何政治教育的小资产阶级、工匠和律师都在慷慨激昂地朗诵《社会契约论》的内容，用以抨击暴政、揭露滥权，并为制定宪法提出建议。”马莱也看到了同样的场景：“卢梭的中下阶层读者数量是伏尔泰的百倍之多，他单枪匹马就把人民主权学说及其结果灌输进了法国人心中。”

插图 德贝特里（Nicolas–Henri Jeaurat de Bertry）所作寓言画，画中卢梭的肖像与雅各宾时代的革命标志被摆在一起。该作品现藏于巴黎卡纳瓦莱博物馆。

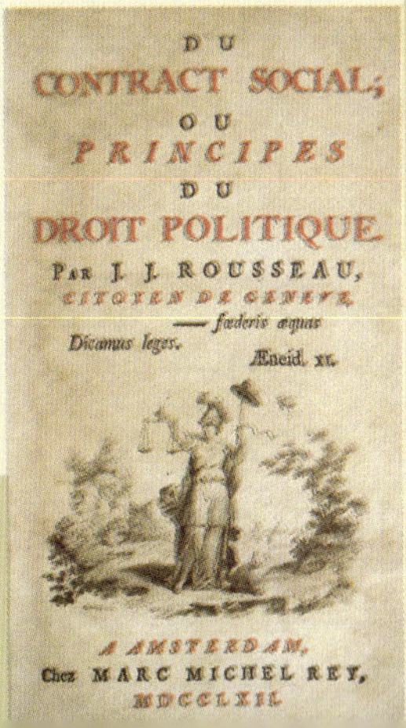
DU
CONTRACT SOCIAL;
OU
PRINCIPES
DU
DROIT POLITIQUE.
PAR J. J. ROUSSEAU,
CITOYEN DE GENEVE.
—— fœderis æquas
Dicamus leges.
Æneid. xi.

A AMSTERDAM,
Chez MARC MICHEL REY,
MDCCLXII.

和自由党人组成的联盟掌握大权。1790 年 1 月，比利时颁布宪法宣布“比利时合众国”成立，这部宪法明显是以美国宪法为蓝本的。

和法国革命一样，比利时的两场革命中也出现了保守派和革命派两种派别。在布拉班特革命中，较为保守的自由党人遭到驱逐。不过，比利时两地的革命都只是昙花一现。1790 年年底，法国王后玛丽·安托瓦内特的哥哥、神圣罗马帝国皇帝利奥波德二世的进攻将革命扼杀了。有趣的是，利奥波德二世在几个月前才刚刚祝贺法国在大革命中“重获新生”。

在这些自发性革命爆发的同时，法国边境上的一些地区也发生了以法国为模范的民主起义。虽然这些起义并不是由法国革命者直接煽动的，但最终都使得这些地区并入了法国。萨瓦公爵控制下的萨瓦和尼斯首先发生起义，法国军队于 1792 年 9 月占领了两地。

这是两场最民主的革命运动。萨瓦的阿洛布罗基国民议会决定罢黜公爵，并将萨瓦并入法国。巴黎的国民公会就这一提案进行了辩论。有些议员认为，这一合并无异于武装征服，不符合 1791 年宪法的规定。然而，扩张派占了上风，于是议会于 11 月 27 日投票决定接纳萨瓦公国作为法国第 84 个省。同一场景也在尼斯伯国上演，尼斯下辖的 18 个镇的代表几乎一致投票赞成并入法国。随后，摩纳哥也同样投靠了法国。

莱茵河畔的区域为德语区，那里的情况则有所不同。被法国占领之后，美因茨在当地雅各宾派的影响下建立了共和国，但是旧政权的组织形式仍然被保留了下来。在法国政府的干预之下，莱茵兰-日耳曼国民公会于 1793 年 3 月成立，并决定将美因茨并入法国。但是，这一要求并没有被当地人接受，而且四个月之后普鲁士军队就夺回了美因茨，就此法国的强行兼并被画上了句号。类似的事件也发生在瑞士巴塞尔北部的汝拉地区。该地区在被法国人“解放”之后建立了罗拉西亚共和国（同样是借用了祖先的称谓），随后罗拉西亚共和国被并入法国。

1792 年年底，法国军队以“解放”为目的进攻比利时，此举被视为 1789—1790 年布拉班特革命的延续。当地的国民议会组织了一次全民公投，并遵照公投结果并入了法国。在列日等部分城市，赞成并入法国的人占压倒性多数，但是弗拉芒地区的居民则更为犹疑。不过，在法国国民议会批准兼并的几天之后，神圣罗马帝国的皇家军队就夺回了比利时。吉伦特派等法国革命者认为对各欧洲王室宣战是为了拯救人民

于水火，而后来的恐怖统治彻底改变了法国的战争政策——不过，这可不是说法国停止了对外征战的脚步。

姊妹共和国

在罗伯斯庇尔倒台之后，法国共和党人变本加厉地输出革命，接下来的几年成了“姊妹共和国”的顶峰。1794 年，法国再次“解放”了比利时。一年之后，皮舍格吕（Jean-Charles Pichegru）率领法军进攻荷兰，随后巴达维亚共和国宣告成立。1796 年，萨瓦被撒丁王国[7]占领，于是法国开始“解放”意大利北部，然后奇斯帕达纳共和国、利古里亚共和国、奇萨尔皮尼共和国等众多共和国纷纷建立。1798 年，法国军队占领瑞士，成立了赫尔维蒂共和国。同年，罗马被占领，罗马共和国成立。

对远一点的国家，法国选择策动当地的民主起义。1798 年，

法国人在米兰

1796 年 5 月 14 日，洛迪战役几天后，胜利的法国军队进入米兰，奥地利控制下的米兰公国灭亡，坦斯帕达纳共和国于 11 月宣告成立。

插图 根据卡尔·韦尔内（Carle Verne）的绘画制作的版画。

[7]“撒西王国”位于今意大利西北部。——译者注

世界各地纷纷爆发革命

18 世纪末的革命星火也点燃了欧洲周边地区，很多地方都发生了针对专制政权的反对活动，其中有些还与共济会有关。例如，1794 年的维也纳政变就是共济会成员谋划的，他们或是约瑟夫二世改良主义的拥趸，或是共和党人。1790 年，仰慕美、法两国革命的俄罗斯作家亚历山大·拉季舍夫（Alexandre Radichtchev）因策划共和政变而被逮捕。在 1794 年的匈牙利和波兰，革命理想与民族主义主张相碰撞并引发了“雅各宾”运动。波兰在塔德乌什·柯斯丘什科 (Tadeusz Kociuszko) 的领导下发动了大规模起义，成功解放了农奴，但起义随后被俄国镇压。委内瑞拉的德米兰达 (Francisco de Miranda) 在旅居欧洲期间萌发了争取独立的思想。从 1810 年起，德米兰达多次煽动了美洲西班牙语区的起义，玻利瓦尔等各地区的起义领导人被称为“解放者”（**左图** 玻利瓦尔肖像，现藏于伦敦坎宁豪斯图书馆）。但在这之前，圣多明各就在政治家、军事家杜桑·卢维杜尔（Toussaint Louverture）的领导下爆发了黑奴起义，起义最终解放了黑人奴隶，并于 1804 年建立了海地共和国。

爱尔兰爆发了反对英国统治的大起义，起义群众疾呼“联合起来！争取自由！成立爱尔兰共和国！”。法国督政府派军支持起义，但法军到得太晚，起义被挫败。

1794 年，数以万计的英国民众参加示威，要求在伦敦成立法国式的公民工会，并高呼他们的领导者赛尔沃（John Thelwall）为“英国的罗伯斯庇尔”。1797 年，英国海军把船停在泰晤士河上，随后发生了兵变。领导此次叛乱的人是民主主义者托马斯·潘恩（Thomas Paine）的信徒，他们称已经准备好了前往法国。

这一年，华盛顿政府正准备与英国签署贸易协定，而谣言却在美国流传开来，说是法兰西共和国和英国当地的极端民主团体结为联盟，将共同派遣约 5 万兵力入侵英国。

显然，从军队动向、外交策略和宣传手段看来，法国并不像一个解放者，反而

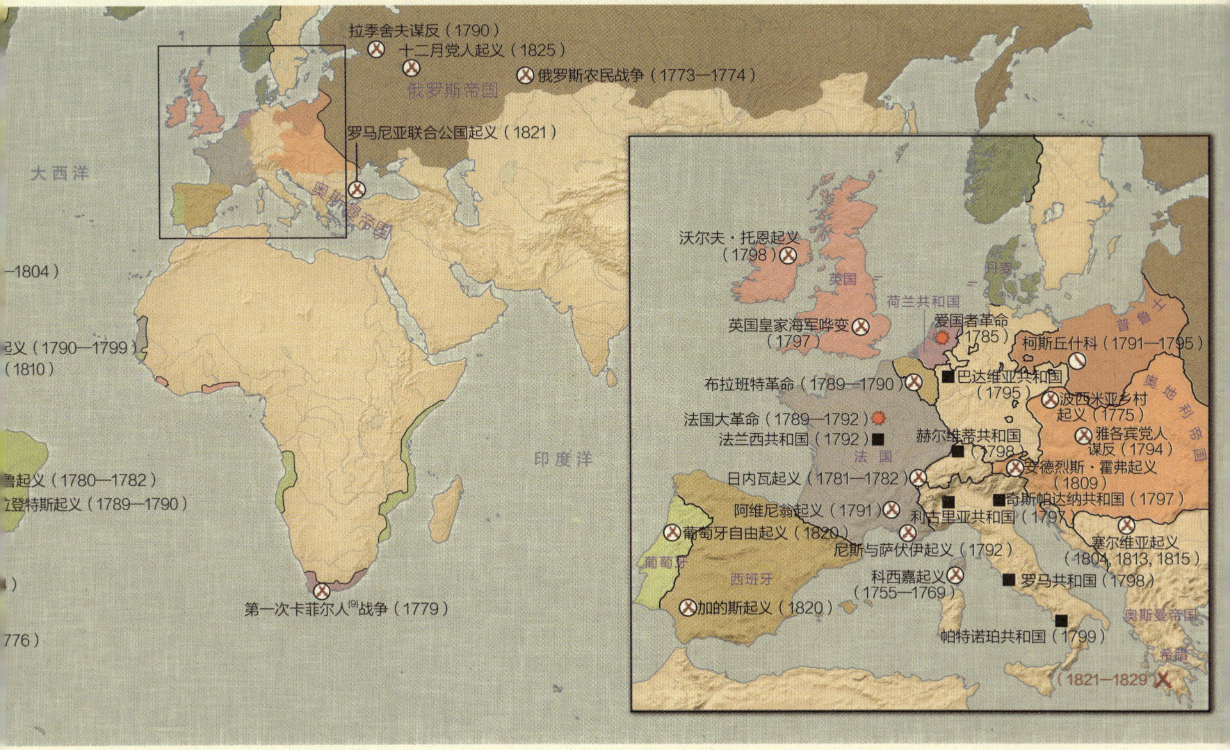

更像帝国主义势力。法国吞并了大量领土，包括比利时、荷兰部分省份、西斯赫尼亚共和国等。还有很多名义上独立的共和国实际上是法国的“保护国”，他们照搬法国的宪法并接受法国使节的统治，本地议员在议会中仅占少数。

对法国来说，这些“附属国”的税收、自然资源和人力物力等是重要的经济来源。例如，赫尔维蒂共和国 1798 年刚成立时就被迫向法国支付了 1.6 千万法郎，并且第一次付款必须在五天内完成，否则瑞士公民将被法国扣为人质，而法国士兵将进驻瑞士。在这种情况下，一些对 1789 年法国大革命满腔热情的知识分子大失所望。例如，1798 年法国军队占领瑞士之后，英国诗人柯尔律治（Samuel Taylor Coleridge）写道：“你欺弄天公，你捣鬼，你盲目无知 / 法兰西啊！你的爱国是歹毒的骗术！ / 人类的骄子！难道这就是你引以为傲的吗？”[8]

[8] 译文改编自人民文学出版社 2001 年版《华兹华斯、柯尔律治诗选》，杨德豫译。——译者注
[9] 对非洲黑人的蔑称。——译者注

杜乐丽宫的无套裤汉

该图为 J. 史密斯（J. Smith）所作版画，描绘了 1792 年 6 月 20 日那天数百名示威者闯入杜乐丽宫要求国王带上弗里吉亚帽的场景。

插图（右侧） 革命时期用的鼓，上面装饰有旗帜、弗里吉亚帽和“自由、平等、博爱”的铭文，现藏于巴黎卡纳瓦莱博物馆。

革命的漩涡

1791 年 6 月国王出逃失败之后，法国革命者之间的分歧越发严重。一部分人认为革命目标已经实现，现在需要巩固象征自由的新制度。但站在这些人对立面的是雅各宾派和无套裤汉，他们要求进行更激进的革命，还渴望把革命传播到法国以外的地方。

路易十六出逃失败后，法国大革命日益显露出失衡的危险。天平一端是议会所代表的法治原则，另一端则是平民阶级演说家不断传播并强调的民主自由的理想。议会无法实现部分人的民主理想，各派别之间的分歧使革命面临脱轨的危险，于是制宪议会通过了《勒沙普里安法》来规范各政治俱乐部的活动。这项法律的发起人勒沙普里安（Issac Le Chapelier）首先赞扬了各组织机构为革命作出的贡献，然后表示他认为“革命已经结束了”，暴力运动和破坏旧法不再是实现革命理想的

政治俱乐部的黄金时期

大革命期间创立了6000多个政治俱乐部或社团，它们主要集中在巴黎。尽管这些组织通常只是昙花一现，但是其影响力不容小觑。

起初，这些俱乐部的会员都是最热心的政治家，后来他们迅速演变成了持不同政见的团体。其中，最重要的就是雅各宾俱乐部，其会员在一所名为“雅各宾修道院”的多米尼加修道院内集会。雅各宾俱乐部的正式名称是“宪法之友协会”，成员们会就时政话题进行辩论以对议会施加影响。1791年年底，较为温和的斐扬派分裂出去之后，雅各宾派开始公开支持罗伯斯庇尔的激进民主。另一个很有影响力的激进派俱乐部是哥德利埃俱乐部。该俱乐部向包括女性在内的人民大众开放，且不收取任何会费。他们对议会施压的方法更为直接，如组织请愿、示威，甚至暴动。

插图 1815年的彩色版画，塞缪尔·吉辛（Samuel Gysin）所作，描绘了1794年7月27日晚上雅各宾俱乐部被国民公会关闭的场景。

On m'attend aux Feuillants.

斐扬派

雅各宾派的大部分成员脱离出来并另外成立了斐扬俱乐部。斐扬俱乐部收取的会费比较高，因此被罗伯斯庇尔为首的雅各宾派批评为革命的“背叛者”、贵族的朋友。这幅讽刺画中的人打扮得像旧制度时期的贵族。

插图 18世纪版画，现藏于巴黎卡纳瓦莱博物馆。

必要手段，议会将颁布各项法律，而各俱乐部不应使用除辩论以外的方式进行干预。因此，《勒沙普里安法》撤销了请愿的权力，也禁止以通信的方式管理地方俱乐部。

巴纳夫等人想阻止巴黎各俱乐部进行反政府活动或“舆论操控”。作为表率，他们在7月的时候退出了在当时影响力最大的雅各宾俱乐部，并谴责该俱乐部反对君主制、拥护共和制的倾向。巴纳夫等人得到了大多数议员的支持，他们在斐扬修道院中共同创建了一个新俱乐部（“斐扬”是对熙笃会教士的称呼），有40多个地方雅各宾协会加入了斐扬俱乐部，即大部分都加入了。但是，几周之后，其中

绝大多数都回到了雅各宾派。

斐扬派的脱离和9月29日的法令（该法令不适用于巴黎）并没能阻止雅各宾派继续推动革命。分裂之后，雅各宾俱乐部有了更广泛的受众，成员们公开组成了议会外的反对集团，甚至还组织了暴动。在长时间的激烈辩论中，雅各宾俱乐部制订了一个激进的计划，但是俱乐部内部还是有深深的分歧，如吉伦特派和罗伯斯庇尔集团之间就针锋相对。与此同时，雅各宾俱乐部还在继续执行成立之初制定的发展策略，即在外地各省设立分部。1790年6月，俱乐部有400个分部，一年之后发展为1000个，而1792

年时分部总数达到了2000个。于是，雅各宾派领导人就利用这个网络在全国范围内传达指示、组织行动。

外来侵略的威胁

在罗伯斯庇尔的提议下，制宪议会决定其议员不能参选后继的立法议会，因此1791年10月立法议会成立时议员基本都是新面孔。不过，由于立法议会和制宪议会一样都采用两级纳税选举制，两者的议员都有着相似的社会出身。立法议会的当选议员都是地方上的名人，主要是土地所有者和律师。他们大多数有良好的修养，是立宪制的忠实拥护者。

745名议员中有350人不属于当时的任何派别，他们被人称为“平原派”或“沼泽派”。他们代表着资产阶级思想，渴望巩固1789年大革命的果实，同时因出逃事件而对国王充满怀疑。坐在沼泽派右边的是组织更加严密的170名斐扬俱乐部议员，前制宪议会的“三头同盟”——巴纳夫、拉梅斯和杜波特从外部对他们进行指导。他们捍卫宪法，但是希望对宪法进行保守化的修改，且将全部希望寄托在与君主制结盟中。他们构成了立法议会中的主导力量。

左派则有150名议员，他们迅速向当时十分活跃的吉伦特派靠拢。吉伦特派因为经常出入各种波尔多人的沙龙而得名[10]，如罗兰夫人（Madame Roland）的沙龙就是他们常去的地方之一。不过，也不是所有吉伦特派的人都来自吉伦特省，所以人们更常称他们为“布里索派”。布里索（Jacques Pierre Brissot）是吉伦特派的领导人，同时也是才华横溢的记者、演说家，从美国革命时期以来就一直心怀革命理想。

在议会中，布里索、韦尼奥（Pierre Victurnien Vergniaud）和伊斯纳尔（Maximin Isnard）组成了革命先锋队。三人还得到了“社会俱乐部”等众多沙龙和俱乐部的支持，而这些组织常常就卢梭的哲学理念和成立法兰西共和国的意义进行辩论。吉伦特派也赞成很多反教权的思想，包括启蒙运动中最激进的无神论。虽然身为雅各宾派的成员，但是吉伦特派在很多方面的思想都比雅各宾派内部的主流观点

[10]“波尔多”是法国吉伦特省的省会。——译者注

流亡贵族：大革命的敌人和受害者

1789 年至 1794 年间，大约有 16 万法国人为躲避大革命而逃往国外，其中一半以上属于贵族、神职人员或者大资产阶级，而其他出身比较卑微的人则是为了逃避内战。

政治流亡活动分为几个阶段。最开始离开的是大贵族和王室成员，他们反对革命，也反对路易十六对革命做出的让步。他们在科布伦茨安顿下来，国王的弟弟普罗旺斯伯爵（见上图。迪普莱西［Joseph-Siffrein Duplessis，1725—1802］所作，现藏于尚蒂伊孔代博物馆）在那里重新组织了朝廷，并建立起一支“保王党军队”。这支军队于 1792 年加入了其他欧洲专制强权的军队共同进攻法国，但这显然不是一个明智的决定。同时，恐怖统治时期的政策引发了最大的流亡潮。这些流亡者有时并不受外国欢迎，很多人都被迫从事木匠、舞蹈老师或小商贩等职业谋生。不过，有些人却因此而发迹，如逃往美国的塔列朗（Charles Maurice de Talleyrand-Périgord）。1802 年，拿破仑颁布特赦令，流亡贵族得以回到法国。

更为温和。人们认为，吉伦特派和斐扬派维护的都是资产阶级的利益。吉伦特派愿意接受宪法，但是希望对某些方面做出修改，尤其是国王的否决权以及纳税选举制中的纳税额度。不过，要想达到目的就必须获得权力，外来侵略的威胁就成了吉伦特派的跳板。

这种威胁来自于两个方面：流亡国外的法国贵族和其他君主专制的欧洲国家。国王出逃事件和宪法的颁布促使更多贵族外逃，特别是军官。对他们来说，国王被叛乱分子囚禁了，荣誉感要求他们拿起武器来拯救国王。在群龙无首的情况下，国王的弟弟普罗旺斯伯爵暂代国王之职，将逃出的贵族召集到了科布伦茨。他们在那里组建了一支 2 万人的军队，准备救出路易十六。

巴黎的演说家和记者不断强调这一威胁，议会最终决定对流亡贵族展开报复（法语中的“移民”这个词就是那时出现的）。流亡贵族收到了最后通牒：他们必须在两个月内回到法国，否则将被没收财产并判处死刑。一个月后，议会以更为严厉的措辞重申了这一法令，其中特别提到了包括普罗旺斯伯爵在内的国王亲信。国王在巴纳夫的建议下动用了自己的否决权，但是他没有向议员表态说反对外来侵略。除了贵族以外，抵抗派的神甫也准备逃亡，议会对此做出了反应。议员们一改此前实行的宽大政策，转而要求抵抗派神甫八天之内宣誓效忠，否则将被驱逐出境。路易十六再次行使了否决权，这使他的处境更加艰难了。

流亡贵族并不是大革命面临的唯一外来威胁，一些边境上的公国与法国新政权之间还有问题悬而未决，尤其是阿尔萨斯地区。一些德国亲王在阿尔萨斯有封地，而大革命在废除封建制度的时候把他们在那里的所有封建特权全部取消了，且没有给予任何补偿。这些亲王就包括美因茨大主教和特里尔大主教，特里尔大主教因此把科布伦茨给了法国流亡贵族作为活动基地。罗马教廷也认为自己的利益受到了损害，拒绝承认《教士公民组织法》，而法国对此做出了反击。1791 年 9 月，在阿维尼翁和维奈桑伯爵领地的革命党人的鼓动之下，法国兼并了这块土地，然而这里从 14 世纪以来就是教皇领地。

总体上看，欧洲国家将法国视为政治上的威胁，他们担心自己的国民会将法国

作为榜样。为了避免“感染”，他们采取了严格的“预防措施”。例如，西班牙政府加强了边境管制措施，以防止革命著作涌入。身为西班牙国王卡洛斯四世的首相，佛罗里达布达卡伯爵提出了“防疫带”的概念，他说：“法国的大火会像瘟疫一样不断蔓延，并伺机借助媒介穿越边境。”奥地利从1790年开始实行严格的审查制度。在遥远的俄罗斯，叶卡捷琳娜大帝为避免“感染”而赶走了所有已在法国定居的国民。

除了被封锁以外，法国也因搅乱了欧洲格局而受到武力威胁。1791年8月，中欧最强大的两个君主——神圣罗马帝国皇帝利奥波德二世和普

皮尔尼茨宣言

1791年8月，神圣罗马帝国皇帝利奥波德二世和普鲁士国王腓特烈·威廉二世在萨克森的皮尔尼茨会晤。他们两人都希望与革命后的法国恢复正常关系，但是以阿图瓦伯爵为首的法国流亡贵族不断施压，迫使二人发表联合声明威胁法国革命者。于是，他们二人发布了《皮尔尼茨宣言》，此举对法国舆论造成了猛烈的冲击。

插图 约翰·海因里希·施密特（Johann Heinrich Schmidt，1749—1829）所作，现藏于德累斯顿国家艺术收藏馆。

鲁士国王腓特烈·威廉二世在萨克森的皮尔尼茨城堡会晤。谈判历时数周，两人最终共同发表了最后通牒性质的《皮尔尼茨宣言》(*Déclaration de Pillnitz*)。他们称，“如果法国的新宪法没有建立在君主政体之上”，就要请“所有欧洲公国国王联合起来，迅速采取行动”。虽然这份声明明显带有宣战的性质，而且文字中充满威胁恐吓，但是两位君主的态度实际上要温和得多。利奥波德二世表示会承认未来颁布的法国宪法，而一个月后法国新宪法颁布的时候，他确实也遵守了诺言。普鲁士国王则只关心波兰方面的事情。《皮尔尼茨宣言》的起草是为了安抚流亡的法国贵族，没有人真的将它付诸实践。这份宣言实施的难度主要在于要求其他各国联合进行武装干预，而利奥波德二世清楚地知道英国不会参与对法战争。

关于战争的辩论

然而，在流亡贵族的推波助澜之下，《皮尔尼茨宣言》产生了严重后果。阿图瓦伯爵和普罗旺斯伯爵在 1791 年 9 月 10 日写给王兄的信中附上了这份宣言，法国革命者因此得知了此事，他们理解为：法国面临着欧洲大陆上全体封建君主联合入侵的威胁。新闻界迅速发表了这份宣言，而政治家则展开了辩论以决定对此事作何反应。例如，是应该通过外交手段说服部分国家这一战有弊无利，从而拖延时间吗？如果要开战的话，是应该做好战争准备，还是为求自保抢先开战，甚至是直接开始一场“革命解放战争”？ 1791 年至 1792 年间的整个冬天，议会、俱乐部、新闻界全都在就战争的各种情况进行激烈辩论。但是，人民并没有因此团结起来，革命阵营反而出现了分裂。斐扬派反对任何战争冲突，他们认为 1791 年 9 月宪法才刚刚颁布，法国的新政体还很脆弱，因此需要保持国内外的和平环境以巩固政权。他们反对战争也是为了遵守宪法中的原则：“法兰西民族拒绝为武装征服而发动任何战争，且绝不动用武力来妨害任何民族的自由。”这一原则最初于 1790 年 5 月提出，随后载入了 1791 年宪法。

路易十六认为法国革命者缺乏训练有素的军队，不可能赢得战争，而他只要等革命者战败之后就可以重建君主专制政权了。不过，他并不希望法国领土被外国占领，更倾向于通过国际会议来恢复自己的特权。王后玛丽·安托瓦内特持相同看法，

她在 1791 年 2月写给亲信费尔桑（Axel de Fersen）的信中明确表示："我觉得我们要向选帝侯（指美因茨大主教和特里尔大主教）开战了。真是愚不可及！所有国家要联合在一起才能对我们开战，所以拉拢这两个人对我们来说很有好处，而这些人竟然看不到这一点。"立宪派的拉法耶特是期待战争的，因为一场胜仗能为他叩开进入政府任职的大门。

但是，真正使天平倾向战争那边的是吉伦特派。10 月的时候，布里索已经开始宣扬武装军队的必要性，他和同伴们全力向公众证明武装军队的计划有多么合理。他们认为发动战争是为了延续 1789 年的革命，也是为了向着自由更进一步。12 月底，伊斯纳尔在议会上宣称："法国将成为宇宙中最耀眼的民族……革命中的民族是所向无敌的，自由的旗帜将成为胜利的旗帜……"韦尼奥叱喝法国人民道："你们已经摆脱了法国暴君戴在你们身上的枷锁，这可不是为了让你

自由树

从 1790 年开始，每逢公民节日，人们就会在广场上或路口种下自由树（若此前种的树没有成活，则还要补种）。男男女女都在树前发表讲话，把帽徽和绶带挂在树上，并请来宪法派的神职人员为树赐福。

插图 《爱国舞曲》，1793 年版画，现藏于巴黎法国国家图书馆。

们在外国暴君的面前继续卑躬屈膝。”随后，韦尼奥带领人民高举三色旗上街游行，他们高喊着：“团结勇敢，胜利在望。”伊斯纳尔继续鼓励人民：“让我们对欧洲说，别惹我们。自由之火已将千万法国人民点燃，我们以战争、笔杆、理性和雄辩为武器，能凭一己之力改变世界的面貌，让所有暴君在纸糊的宝座上颤抖。”这些讲话被印刷成册并大量散发，以号召人民起义。

在激进派阵营中，罗伯斯庇尔是唯一没有被战争热情冲昏头脑的人。在雅各宾派高高的演讲台上，人称“不可腐蚀者”的罗伯斯庇尔冒着引发众怒的危险强调了战争的弊端，并谴责那些“滔滔不绝地鼓吹《人权宣言》奇效和世界解放战争”的人。然而，他反对战争的原因其实是担心军队指挥权会被交回到朝廷官员和贵族将领的手中，并认为这些人都会背叛国家。

1792 年年初，局势日益紧张。1 月 25 日，议会向利奥波德二世下了最后通牒，要求他在一个月内撤走驻扎在法国边境的军队。收到最后通牒之后，利奥波德二世反而和普鲁士组成了军事联盟，准备各派 6 万大军联手入侵法国。3 月 1 日，利奥波德二世驾崩，皇子即位，称弗朗茨二世。这位 24 岁的新皇帝年轻气盛、渴望军功，鼓励策士为战争建言献策。这样，三国离开战又更近了一步。

与此同时，鉴于斐扬派的和平主义越来越不得人心，法国国王路易十六做了一个大胆而冒险的决定：他罢免了政府内的斐扬派部长，代之以三名吉伦特派成员——罗兰（Jean-Marie Roland）、塞尔旺（Joseph Servan）和克拉维耶（Étienne Clavière）。随后，迪穆里埃（Charles François Dumouriez）出任外交部长一职。1792 年 4 月 20 日，全法国爱国热情高涨，议会以神圣罗马帝国要求收回德国亲王在阿尔萨斯的领土为借口，就是否发动战争进行表决，只有 7 名议员投了反对票。于是，法国的革命之火被重新点燃，一场最终推翻了神圣罗马帝国的战争即将打响。

无套裤汉运动

在弗拉芒地区的冲突爆发几周后，罗伯斯庇尔的预言成真了。法国的进攻是一次巨大的失败，将军们纷纷催促政府签署和平协议。巴黎人民立即把战败的责任推卸给革命的敌人——抵抗派神甫和贵族，当然还有国王。议会借此机会逼迫路易十六批准打击抵抗派教士的法令，以及两项剥夺国王实权的措施：一是撤除国王的私人侍卫；二是在巴黎附近建立军营，以容纳前来庆祝7月14日联盟节的2万名联盟军人。路易十六同意撤除私人侍卫，但拒绝了另外两个要求。在迪穆里埃的怂恿下，国王罢免了三名吉伦特派部长。随后，迪穆里埃自己也辞去外交部长一职，加入了前线部队。

有了吉伦特派的前车之鉴，斐扬派重新掌权后决心一定要结束革命。但近几个月以来，局势发生了翻天覆地的变化。首先是在经济上，一方面庄稼歉收导致粮食短缺，另一方面富农并不信任变成了货币的指券（当时在政府的强制措施之下，指券成为流通货币），因此出现了通货膨胀。越来越多的北方农村的贫农被迫落草为寇，他们成群结队地袭击可能从事囤积垄断的商人及其车队。一些城市发生了暴动，要求政府统一定价。在1792年3月3日埃唐普市的暴动中，市长西蒙诺（Simoneau）试图在暴

夏尔·弗朗索瓦·迪穆里埃

迪穆里埃出生于一个落魄的贵族家庭。他退伍之后参加了大革命，并把革命视为重启职业生涯的机会。他不仅智勇双全，而且野心勃勃、诡计多端。1792年，他抓住时机发动了战争，因此被视为拯救国家命运的英雄。他用瓦尔密（Valmy）和热瓦普（Jemappes）战役征服了比利时，但在内尔温登（Neerwinden）的失利使他被迫离开了革命军。

插图 让-塞巴斯蒂安·鲁伊拉德（Jean-Sébastien Rouillard，1789—1852）所作，现藏于凡尔赛宫法国历史博物馆。

徒和军队之间斡旋却遭人刺杀。斐扬派大力谴责杀害代表国家法制的公职人员的行为，并试图借此强化甚至神圣化法制原则，以防范无政府状态可能带来的危险。

《马赛曲》：1792 年革命战士的颂歌

《马赛曲》的作曲者是军官鲁热·德利尔(Rouget de l'Isle)。1792 年 4 月，马赛士兵高唱这首刚刚写就的颂歌浩浩荡荡来到巴黎。《马赛曲》由此闻名于世。歌词激励“祖国儿女”与“这群邪恶的奴隶、卖国贼（指流亡贵族）和国王”斗争到底。

插图　市民高唱《马赛曲》，水粉画，勒·叙厄尔（Le Sueur）兄弟所作，现藏于巴黎卡纳瓦莱博物馆。

与此同时，巴黎示威群众在新势力的支持下人数倍增。在《杜申老爹报》（*Le Père Duchesne*）上，埃贝尔（Jacques Hébert）写下了人民对粮食短缺的不满，对囤积居奇者的怨恨，以及对可能存在的反革命阴谋家的仇视。雅克·鲁（Jacques Roux）是一名神甫，他任职的地方是巴黎最贫困的街区之一。雅克·鲁以人民的名义提出了一项激进的改革计划，主张对投机商和囤积居奇者处以死刑。1792 年，巴黎人民按照新的行政分区组织起了示威活动，政府和议会再也无法忽视人民的要求。

自 1790 年 5 月以来，巴黎被分为 48 个选区，每个选区都有一个民选议会，而巴黎公社成为市政管理机构，其代表由区议会选举产生。最初，区议会每周集会两次，只有“积极公民”[11] 才能参加。1792 年年初，更多群众得以参与其中，一些

[11] 法国 1791 年颁布的宪法把法国人民分成了“积极公民”、“消极公民”和“非公民”。“积极公民”指 25 岁以上、在当地居住时间一年以上、有能力缴纳赋税的法国男性，他们享有完全的政治权利。——译者注

区议会宣布成立常设议会。巴黎市长佩蒂翁（Jérôme Pétion de Villeneuve）为了保护革命不受敌人破坏，甚至同意向人民分发武器。当时，人们相信“是人民实现了革命，因此也只有人民才能拯救革命”，因此巴黎公社逐渐取代了其他国家机构，而公社之下的区议会成了直接干预巴黎政治的平台。然而，区议会比各政治俱乐部更为激进，他们为无套裤汉运动做足了准备。被称作“无套裤汉”的工匠和小商贩，构成了巴黎人民运动的中坚力量。

在 1792 年 6 月 20 日的起义中，无套裤汉们正式成为历史舞台上的主角。在这一天，为了庆祝《网球场宣言》发表三周年，从各个选区汇集而来的 1.5 万名群众朝巴黎市中心游行，以抗议国王的新举措。示威者们首先闯入议会递交请愿书，随后在杜乐丽宫前聚集。自从国王的侍卫被撤离之后，杜乐丽宫再无守卫，示威人群涌入宫殿，并运来了一门大炮。他们在宫中盘踞了数小时，其间路易十六被人群包围、推搡，并被迫戴上弗里吉亚帽与人群共饮。——这一幕被兰波（Arthur Rimbaud）永远定格在了《铁匠》一诗中。不过，即便遭此羞辱，国王仍然拒绝收回成命，最终佩蒂翁说服示威人群撤离。

抗议不仅未能达到目的，反而使更多的人支持国王，这种情况在外省尤为突出。对于广大议员来说，在这起事件中遭受了攻击的不仅仅是国王，还有宪法的法治原则。拉法耶特向议会提议，针对政治俱乐部和从事颠覆活动的媒体使用强硬的手段。议员们虽然已经意识到威胁近在咫尺，却选择对此视而不见。接下来的几天里，国民自卫军已无力维持秩序，激进分子开始肆无忌惮地鼓吹推翻君主制。

1792 年 7 月 3 日，吉伦特派的韦尼奥在议会上对路易十六说：“您如此卑鄙地违反了宪法，又如此可耻地背叛了人民，您已经一无是处了。”7 月 11 日，普奥联军入侵的噩耗传到了巴黎，这对痛恨君主制的人民来说无异于火上浇油。三天之后，在 7 月 14 日的大革命周年纪念日上，人民对国王讥笑谩骂。第二天，哥德利埃俱乐部要求暂停国王职务。直至此时，罗伯斯庇尔及其他雅各宾派成员仍然一直尽力遵守宪法的法治原则，他们只是主张用共和国公会取代立法议会。

7 月末，布列塔尼、马赛和其他地区的联盟军人一抵达巴黎就立即加入无套裤汉的运动之中，并与无套裤汉亲如兄弟。与此同时，法国再次受到了外来侵略的威胁，形势千钧一发。手握普鲁士大军的布伦瑞克公爵（Duc de Brunswick）发布了一份声明，警告法国人不要以任何形式伤害国王，否则奥地利和普鲁士军队的猛攻会“让法国火光滔天、血流成河，让巴黎尸横遍野、山河变色”。这份声明的执笔者并不是布伦瑞克公爵本人，而是一名流亡在外的法国人，他的目的是恐吓民众，并推动巴黎的保皇党政变。但是，声明产生了全然相反的效果，它掀起了人民起义，导致君主制被废除。

废黜国王

值得一提的是，布伦瑞克公爵的声明是 8 月 3 日发表的，而推翻国王的起义在此之前就早已开始酝酿。在罗伯斯庇尔的领导下，雅各宾派经内部商议之后直接参与了此次起义。不过，起义的真正煽动者则是巴黎各区人民。他们的代表秘密成立了起义委员会，并于 8 月 4 日要求议会在五天之内废黜路易十六。但五天过后，人民的要求仍然没有得到满足。于是，8 月 10 日拂晓的时候警钟响起，区代表冲入市政厅，成立了一个与市政府平起平坐的起义公社，其成员包括丹东和罗伯斯庇尔。

当天上午，起义群众向杜乐丽宫进攻。当时，有 1000 名瑞士士兵和 2000 名国民自卫军士兵在宫殿驻守，而国王已经逃往附近的议会避难。国王和他的妻儿躲在书记员的办公室里，度过了君主制的最后几个小时。正当宫殿守卫与起义者交涉之时，宫殿里有人对外扫射，杀死了数十个无套裤汉，激烈的武装冲突立刻开始了。在路易十六下令卫队停火之后，起义群众并没有停止攻击，他们一共杀害了约 900 名守卫，其中瑞士卫兵几乎全部丧生。同时，许多卫兵在送往市政厅的路上被虐待致死，而起义者方面也有 300 名区代表和 90 名联盟军人阵亡。

出席议会的议员已不足三分之一，议会被迫服从武装群众意愿。路易十六被废黜，王室成员被囚禁于圣殿塔。君主制分崩离析，无套裤汉们以摧枯拉朽之势破坏了巴黎所有的君主雕像，就连矗立在新桥之上伟大的亨利四世国王的雕像也没能幸免于难。除此之外，议会还批准召开公会起草新宪法，而这部新宪法无疑会确立共和政体。改革相关的执行委员会成立，其成员包括一周前被罢免的吉伦特派官员

（罗兰、克拉维耶和塞尔旺）以及丹东、勒布伦（Charles-François Lebrun）、蒙日（Gaspard Monge）等雅各宾派领袖，而事实上真正掌权的是起义公社。起义胜利之后，起义公社非但没有解散，反而搬进了市政厅，取代了合法的巴黎公社并在首都独揽大权。起义公社控制了国民自卫军，下令逮捕所有嫌犯，并封禁了所有和它唱反调的报纸。

起义公社成为新的地方政权。这个政权无法自控，不断掀起暴动，且与临时政府和议会作对。曾经作为反君主制运动先行者的吉伦特派，转而强烈谴责“新政府的擅权和独裁”。8 月 30 日，议会宣布起义公社不合法。但是，奥普联军于 8 月 22 日占领了边境要塞隆维，又于 9 月 2 日占领了凡尔登。在敌军长驱直入的威胁之下，三天之后起义

进攻杜乐丽宫

迪普莱西-贝尔托（Duplessis-Bertaux，1747—1819）的这幅画作再现了 1792 年 8 月 10 日的事件。许多国民自卫军士兵被守卫宫殿的瑞士卫兵所杀，倒在血泊之中。革命者们团结一致，借助援军带来的大炮占领了杜乐丽宫，并杀死了国王的卫兵。该画现藏于凡尔赛宫法国历史博物馆。

九月大屠杀：人民自行申张正义

边境战事接连失利，敌军即将入侵的消息引起了巴黎人民的恐慌，而恐慌随后转变为对内部假想敌的偏执，矛头指向了监狱中的“反革命分子”——他们被怀疑趁人民在前线浴血奋战之机密谋暴动。

恐惧是“九月大屠杀”的主要推手。欧仁·苏（Eugène Sue）在小说《人民的秘密》（*Les Mystères du peuple*）中就体现了这一点。在人民法庭中，一名革命党在审判囚犯时说：“我是一家之主，有一个妻子和五个孩子。我不希望在我去边境作战时，保皇派逃出监狱屠杀我的家人。”在当时的环境下，简单粗暴的审判和迅速执行的处决被认为是合法的，安托瓦内特王后的女总管兼密友朗巴勒亲王妃（Princesse de Lamballe）就受到了这一待遇。她被指控与安托瓦内特王后勾结，并被囚禁在拉福斯监狱。人们就“8 月 10 日的阴谋”对她进行审问，之后要求她发誓“永远憎恨国王”。朗巴勒亲王妃拒绝发誓，随后她被带到一个小巷，在斧矛围攻之下丧命，死后还被斩首。她的衣服被扯下来拍卖，尸体被亵渎，头颅被穿在长矛上带到圣殿塔内展示给被囚的安托瓦内特王后看。

插图 《朗巴勒亲王妃之死》，莱昂·马克西姆·费弗尔（Léon Maxime Faivre，1856—1941）所作，现藏于维济耶法国大革命博物馆。

公社再次运行。外来侵略的威胁比以往更加迫近了，巴黎即将受到毁灭性打击，而想要组织反击就必须依靠 8 月 10 日起义成功的人民群众。丹东在讲坛上疾呼：“我们要勇敢、勇敢、再勇敢，这样才能拯救法国。”起义公社成功收集了武器和装备，为开赴前线救亡图存的 2 万名志愿军士兵提供了必要的武装，并且还为军队额外招募了 6 万名士兵。

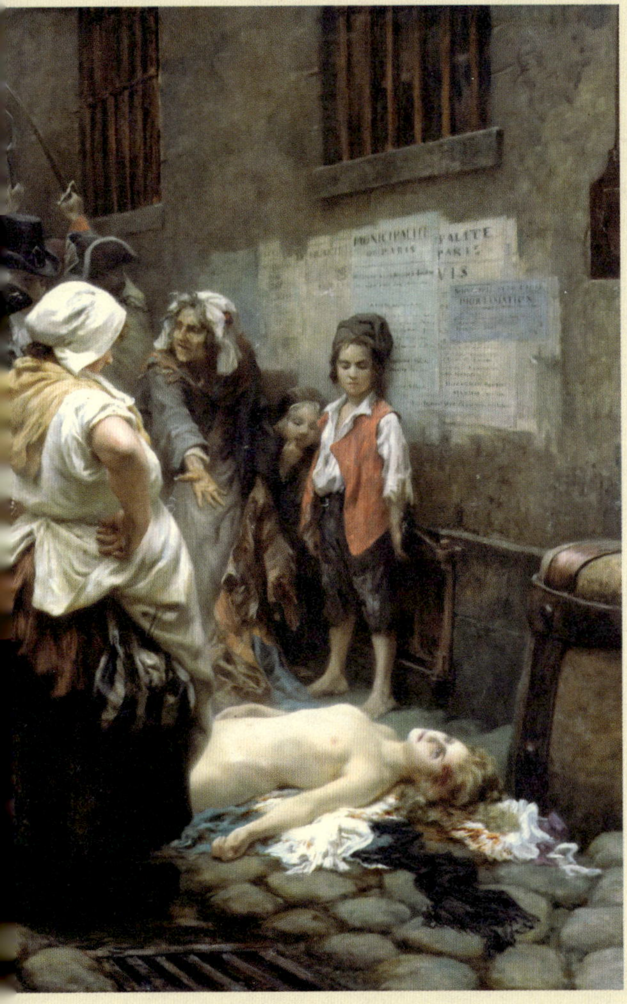

谁应为大屠杀负责?

“九月大屠杀”发生几天后，一场关于政府应负之责任的论战爆发了。显然，没有任何政府官员曾试图阻止这场血腥屠杀，就连巴黎市长佩蒂翁也是消极应对。不过，激进派的领导人倒是直接承认是他们煽动了这起事件。在国民公会上，面对有人谴责大屠杀时，丹东反驳道：“你当时怎么不说呢？”9月10日，丹东向参与大屠杀的人表示祝贺，且并非以司法部部长之名，而是自称“人民的部长”。

上图 佩蒂翁的半身像，菲利普·德桑特（Philippe Dessante）所作，现藏于凡尔赛室内网球场。

这股爱国热情也有不太光彩的一面，那就是它要求消灭大革命内部的一切假想敌。在接下来的几周里，第一场规模空前的政治镇压拉开序幕，它隐隐预示着一年之后雅各宾派实施的恐怖统治。镇压是由起义公社组织的。8月17日，起义公社认为一般的刑事法庭审讯进展缓慢，于是绕过议会擅自成立了一个特别法庭，负责审判所有参与反革命活动的嫌疑分子以及8月10日杜乐丽宫

巴黎——革命的舞台

革命前夕，巴黎拥有65万居民，启蒙运动创造的灿烂文化以及络绎不绝的外国游客使这座城市成为法国乃至全欧洲的神经中枢。然而，当时的巴黎并不是波旁王朝的首都，在攻占巴士底狱和凡尔赛大游行两起事件发生之后，路易十六才被迫搬到了塞纳河畔的杜乐丽宫。革命迅速使巴黎市民的生活焕然一新。报刊、俱乐部和示威活动不断宣传新的思想，穿衣打扮和行为举止都在变化，如大家习惯了以“你”取代“您”来作为互相之间的称呼。最重要的是，城市面貌也发生了改变：宗教建筑被拆毁或改建，历代君王的雕像被推翻，过去常以圣人或国王的名字命名的街道现在都被改成了古代或共和国时期英雄人物的名称。

杜乐丽宫旁边这块狭小的地方就是君主制落幕的舞台。随后，法兰西共和国以及《人权宣言》诞生，教廷和贵族的特权被废除。

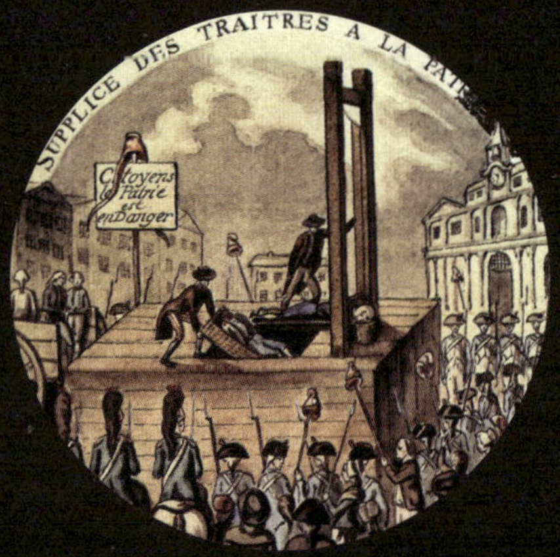

处决反革命分子

断头台一直耸立在革命广场上（今协和广场）。

1 雅各宾俱乐部

正式名称为“宪法之友协会”。从1789年起，协会成员就在圣奥诺雷路上的雅各宾修道院集会。

2 国民议会

从1789年起，国民议会就在杜乐丽宫的室内马场召开。马场呈长方形，因此声音效果十分糟糕。

3 协和广场

1763年，路易十五为这座广场揭幕。1793年5月至1794年6月的恐怖统治时期，广场上竖起了断头台，路易十六在此被斩首。

7 圣殿塔

路易十六曾被关押在此。圣殿塔四周的围墙属于马耳他骑士团，这是他们从中世纪圣殿塔中继承下来的。

8 圣安托万镇

这里是工匠聚居的地方，人口稠密，有大量革命积极分子。

9 圣母院

圣母院于1793年被改为俗用，用于举办自然神论者（“至上崇拜”）[12]的庆祝活动，后来又被改建为仓库。

[12] “自然神论”是只承认唯一的上帝而不接受其他启示的教派。法国大革命时期，罗伯斯庇尔试图建立一套名为“至上崇拜”的自然神论，目的是宣扬理性和美德。——译者注

环绕巴黎四周的包税人城墙始建于1785年，其作用是方便收取入市税。

4 杜乐丽宫

这座宫殿由路易十四最终建成，先后派过不同的用途。1789年路易十六一家搬到巴黎之后，这里就成了他们的住所。

5 市政厅

在巴黎人民攻占巴士底狱之前，市政厅就已经是一个民主机构了。在整个大革命期间，这里一直都是巴黎的革命中枢以及人民的集结点。

6 巴士底狱

巴士底狱原本是一座堡垒，后来用作王家监狱，7月14日被巴黎人民攻占，随后被摧毁。在大革命期间，这里每年都会举办一场人民舞会。

10 司法宫

从1793年起，这里就是革命法庭的所在地。司法宫内还有一座监狱，狱内关押着“反革命”嫌犯。

11 卢浮宫

1792年，议会将卢浮宫的大画廊改建成了博物馆，用于陈列君主制时期的艺术品。

12 哥德利埃俱乐部

哥德利埃俱乐部位于一座旧方济各会修道院内，俱乐部成员认为自己的任务是监督革命的进度。

历史的舞台

在拿破仑时期，巴黎的城市面貌焕然一新，而大革命时期的城市则基本维持了原貌。不过，权力的分配和城市的管理却发生了翻天覆地的变化。皇家宫殿不远处坐落着国民议会和巴黎市政厅，这里是革命大戏上演的地方。杜乐丽宫和战神广场举办过无数庆典，而阴森的断头台就耸立在协和广场上。

战神广场

1795年，战神广场变成了动员群众的地方。在大革命时期，这里举办过一些大型的公共节日，如1790年联盟节和1794年“至上崇拜节”。

插图　1790年联盟节，查尔斯·莫内（Charles Monnet）所作。

皇家宫殿

1789年之前，皇家宫殿一直都归奥尔良公爵所有。后来，他将皇家宫殿的花园对公众开放，还把这里改建成了一个时髦的场所。

插图　让-路易·普里厄（Jean-Louis Prieur）所作版画，描绘了1789年7月12日德穆兰对巴黎人民发表讲话的场景。

至关重要的瓦尔密战役

为了阻止布伦瑞克公爵率领的奥普联军继续朝巴黎方向深入，凯勒曼将军把军队部署在瓦尔密附近的一座小山上。

在奥普联军连续数小时的炮击之下，法国的两支正规军和两支志愿军一共损失了 300 人。但是，法军高唱着《马赛曲》两次击退了敌人。面对法国的顽强抵抗，联军士兵精疲力竭，于是布伦瑞克公爵下令撤退。

插图 让-巴蒂斯特·毛扎西（Jean-Baptiste Mauzaisse，1784—1844）所作，现藏于巴黎卢浮宫。

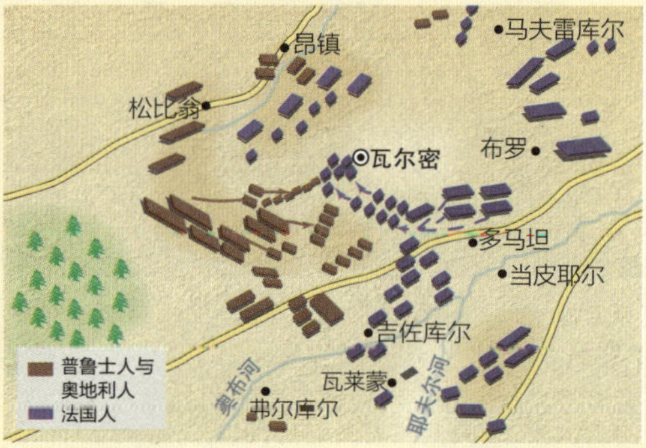

的守卫。四天之后，一名国王的书记官以“谋反”罪被判处死刑，处决使用的是当时一种新式死刑器具，称为断头台。几天后，起义公社得到授权，可以对“反革命嫌疑分子”进行“家访”。拉法耶特、斐扬派等雅各宾派的政敌以及温和君主制的拥护者，均被视为要消灭的敌人。

监狱里迅速关满了所谓的叛徒和谋反者，其中大部分是军官和抵抗派神甫。从 1792 年 8 月起的两年内，巴黎变成了一个真正的“警察社会”。但即使如此，仍有人认为维持治安

的手段还不够。包括弗雷隆（Louis-Marie Stanislas Fréron）在内的一群狂热记者，要求处死监狱中的“反革命分子”，他们称：“监狱里满是恶棍，社会亟待拯救。”马拉和埃贝尔也为此奔走呼号。

一时间，谣言四起，说是监狱里的政治犯正在策划一场反革命阴谋。传言说，一旦志愿军奔赴前线，这些囚犯就会发动叛乱，屠杀革命者的妻儿。因此，9 月 2 日志愿军招募开始之时，无套裤汉们决定消灭这一威胁。他们手持长矛、斧头和刀

国民议会的诞生

1792年4月

神圣罗马帝国发出最后通牒

法国议会向神圣罗马帝国皇帝宣战并入侵比利时，战争以法国失败告终。

1792年8月

进攻杜乐丽宫

进攻演变成了大屠杀，国王逃往议会避难后被捕。

1792年9月

屠杀囚犯

出于对神圣罗马帝国入侵的恐惧，人民将怒火撒向了囚犯。

1793年1月

处决路易十六

国民公会以叛国罪将路易十六问斩。

1793年3月

恐怖统治开始

革命法庭设立，负责审判密谋“反革命”活动的嫌犯。

1793年5月

人民起义

吉伦特派不再是国民公会中的多数派，雅各宾派掌权。

剑（甚至有人拿了一把木匠用的锯子），向城中的监狱发动袭击。四天之内，数座监狱遇袭，其中每座监狱里都有数十名“叛国者”被杀害。这是一场没有组织、没有秩序的恐怖行动，参与屠杀的巴黎市民都自认为在保家卫国，而当局没有任何办法加以阻止。

这一事件后来被称为“九月大屠杀”。历史学家埃德加·基内（Edgard Quinet）认为马拉是这场惨剧的始作俑者，并指出“群体性的精神错乱”是导致恐怖统治出现的原因之一。无套裤汉在监狱里自行组成了法院，并上演了一出出“主持公道”的闹剧，而囚犯在“临时法庭”中被当庭宣判。审判者常常对囚犯说他们被无罪释放了，然后再将他们杀害，实际被释放出去的只有一具具尸体。加尔默罗修道院和圣日耳曼修道院的教士遭到屠杀，他们生前受到酷刑折磨，死后尸体还要被破坏。在这起事件中，被杀害的囚犯数量占巴黎所有遇袭监狱囚犯总数的一半。除此之外，莫城、兰斯、里昂和马赛等城市也响应了马拉的号召，参与了向“叛国者”复仇的行动。据估计，全法国共有1400人死亡。

瓦尔密大捷

“九月大屠杀”发生之时，政府没有进行干预，也没有人站出来加以谴责。这是因为那几个星期人人都对边境的战事忧心忡忡，导致法国人民陷入了群体幻觉之中。9月20日，获胜的消息终于传到了巴黎：在凡尔登和巴黎之间的瓦尔密附近，凯勒曼率领的5万名法军以少胜多，普鲁士军队被迫撤退。布伦瑞克公爵曾威胁说要把巴黎夷为平地，现在这座城市可以幸免于难了。为此，法国举国同庆。

这场胜利，证明了以爱国热情和革命理想为支撑的军队要强于君主专制下为钱卖命的士兵。报纸大肆渲染凯勒曼将军在危急关头的壮举：他把饰有三色羽毛的帽子高挂在剑尖上挥舞，并喊道："祖国万岁！"士兵们纷纷应和，随之唱起了《马赛曲》。然而，这场战斗实际上并没有这么浓厚的英雄色彩，其间只发生了几次大炮对轰，死亡人数少于500人。不过，法国士兵的确以无畏的精神扛住了敌方的炮击。

火燎欧洲

瓦尔密大捷有着巨大的象征意义，因为这是自由人民面对君主专制取得的第一场胜利。对于同时代的歌德来说，这场胜利开启了"世界历史新时代"。尽管瓦尔密战役的胜利并不意味着战争已经结束，但国民公会终于可以继续致力于革命事业了。

新一届国民公会的选举在8月底、9月初举行。虽然选举采用的是普选的形式，但是人民的参与率非常低，据估计仅为6%。8月10日的暴动使雅各宾派人气大涨，巴黎市选出的24名议员中就有18名是雅各宾派成员，同时还有很多外省议员也属于雅各宾派。作为雅各宾派的领导人，罗伯斯庇尔、丹东、马拉和后起之秀圣茹斯特等人坐在议院座席的最高层，因此雅各宾派议员被称为"山岳派"。以布里索、佩蒂翁和韦尼奥为首的吉伦特派，占据了150个席位。其余大多数议员没有站队，他们被称为"平原派"。虽然不属于任何政党，但是平原派议员并未随波逐流，他们在辩论中常常旗帜鲜明地亮出自己的观点。

国民公会初期，颁布了一系列标志性的文件。公会的第一次会议废除了君主政体，共和国宣告成立。两天后，新历法推行。按照旧历，1792年为"自由四年"，新历法将其定为"共和元年"。这一决定意味着革命有了一个新的起点，法国和世界的历史就此走进了新时代。议会还认为，9月发生的暴行是合法的。司法部部长加拉（Dominique Joseph Garat）称："这些事件都是起义的一部分，否认这一点无异于叛国。……这些流血牺牲的日子是反对专制、争取自由的斗争的延续。"雅

1793年：辩论王国与意见领袖

1793年，罗伯斯庇尔、丹东、马拉作为革命派的代表开始掌权，他们的思想同中有异。尽管他们的故事都以悲剧收尾，但是他们死后也深深影响了19世纪的政治思想，并启发了各种思潮。

马拉 “一切就完了，亲爱的法国同胞们，一切就完了……如果人民继续为他人的阴谋诡计所麻痹，如果举国上下不联起手来消灭专制政府的走狗……如果没有一场全国大起义，那么我们的一切就全完了。”（1792年6月9日）

三人都出身于平民阶层。罗伯斯庇尔来自阿拉斯，祖上是律师或商人；丹东来自香槟省，祖上是农民或工匠；马拉出生于瑞士，父亲是还俗的教士，通过教育实现阶级跨越的共同愿望将他们的命运联结在一起。罗伯斯庇尔获得了一笔奖学金，得以进入巴黎最好的高中——路易大帝高中学习。他和丹东一样成了一名律师，而马拉则选择从医。当时，启蒙运动的思想成为社会的焦点，而学习和阅读为三人投身革命事业提供了最宝贵的能力——口才。起初，罗伯斯庇尔在国民议会中积极演说，可惜支持者寥寥。马拉则是先在《人民之友报》中提出了自己骇人听闻的想法。丹东曾是哥德利埃俱乐部成员，在俱乐部所在街区以煽动群众而闻名。这三位领袖人物活得都不长：罗伯斯庇尔和丹东被斩首时分别是36岁和35岁，马拉50岁时遭夏洛特·科黛（Charlotte Corday）刺杀身亡。他们从政时正年轻气盛，在议会辩论中激情四射，且对人民运动充满渴望，因此是他们鼓舞了大革命第二阶段的参与者。在巴黎的卡纳瓦莱博物馆，保存有三人的肖像。

丹东 “只有大胆、可怖的手段才能拯救人民，……只有当我们变得可怖了，人民才不会可怖。……让你们的委员即刻出发……把他们派往各省，鼓舞那里的公民，重燃当地对自由的热爱。”（1793年3月10日）

罗伯斯庇尔 “我们必须扼杀共和国内外的敌人，否则我们将和他们一同灭亡；在目前的情况下，我们政治的首要原则应是以理性来引导人民、以恐怖来主导人民的敌人。”（1794年2月25日）

各宾派议员科洛·德布瓦（Collot d'Herbois）推波助澜道："9月2日是我们自由信条中最伟大的一段！"不过，并非所有人都同意他们的观点。

在这场论战中，雅各宾派和吉伦特派之间的分歧浮现出来。后者谴责参与"九月大屠杀"的无套裤汉为"杀人饮血的刽子手""无政府主义者"，称他们在犯下滔天罪行之后还得到了山岳派的庇佑，得以龟缩在公社之中。吉伦特派的领导者是保守派的代言人，比起外省来，他们的思想在巴黎并不太得人心。8月10日，罗兰出任内政部部长，从那以后吉伦特派才获得了临时执行委员会的控制权。在那几个星期内，他们甚至掌控了公社。但是，在11月的市政选举中，很多曾参与过"八月暴动"的人当选为市议会议员。肖梅特（Pierre Gaspard Chaumette）和埃贝尔分别被任命为公社的正、副检察长。在这两个"忿激派"的把持下，巴黎市议会在很长一段时间内成了起义风暴的摇篮。

议会中，吉伦特派和山岳派之间的矛盾日益凸显。10月底，卢韦对罗伯斯庇尔展开猛烈的抨击，指责他渴望独裁统治，并称他为此在党派内部把自己打造成"偶像"："罗伯斯庇尔，你朝着独裁政权大步迈进，对权力的渴望将你吞噬……"尽管各派别都支持共和政体，但是他们之间的勾心斗角还是妨碍了民族团结。共和国刚刚宣告成立，各派别之间的倾轧就已经开始了，议会大清洗的漩涡也随之而来。

瓦尔密战役结束后，巴黎又接连收到战报，得知法国在各个战线均取得了重大胜利。在莱茵兰地区，屈斯蒂纳伯爵率领的军队于9月25日占领了施派尔。一个月后，他们又攻陷了美因茨。南部战线上，没有遭遇任何抵抗的孟德斯鸠将军（Anne-Pierre de Montesquiou-Fézensac）率领部队在萨瓦长驱直入，而尼斯的安塞尔姆将军（Jacques Bernard d'Anselme）的部队也投降了。继瓦尔密大捷之后，11月6日热马普战役的胜利成为革命军胜过专制军队更有力的象征。一周后，法国军队进入布鲁塞尔。

法军如疾风迅雷般攻城略地，其速度之快连一直渴望传播革命思想、拯救世界人民的吉伦特派也没有想到。在国民公会上，议员们不停地发布新的法令，时而为了歌颂胜利，时而为了威胁恐吓。其中，有些法令郑重承诺“将为所有希望重获自由的人民提供帮助、缔结友谊”，而有些法令则宣称要击败联合在一起的欧洲各国王公。按照布里索 11 月 26 日的讲话来说，“只有在整个欧洲战火燎原的时候，我们才能得到安宁”。肖梅特不过是一名出任起义公社检察长的无套裤汉，现在就连他也开始酝酿打造全人类的“雅各宾帝国”：“从巴黎到彼得堡和莫斯科之间的土地都即将属于法国、属于巴黎市、属于雅各宾。”

审判国王

8 月 10 日事件还有一个遗留问题：如何处置国王？国王被废黜之后的几天内，国民公会一直犹豫不定，于是巴黎公社承担起了看守国王的职责，并将国王及其家人锁在圣殿塔内的小房间里。为了将君主的“暴政”以其人之道还治其人之身，有些人呼吁对路易十六进行审判。10 月 1 日，议员蒂翁维尔（Merlin de Thionville）在国民大会上说：“此卑鄙无耻之人想让人民血流成河，我们应对其进行审判。”尽管吉伦特派议员反对审判被废黜的国王，但他们还是在威胁恐吓之前让步了，同意组建一个委员会来审查国王的行为。委员会重申了宪法的原则，证明了君王不具有法律豁免权，但也认为无须再对被废黜的君主另加处罚。

在辩论中，圣茹斯特认为有罪的不是国王而是君主制度，他用一句话简明扼要地概括了自己的观点：“没有统治者可以无辜。”罗伯斯庇尔和马拉也持相同意见，他们在雅各宾俱乐部和报纸上都表达了自己的看法。12 月 2 日，巴黎的区议员质问国民公会议员：“路易十六的背信弃义之罪还不够明显吗？”次日，国民公会议员屈服于民众的压力，宣布开庭审理路易十六。法庭由公会议员组成，虽然部分极端激进分子反对，但是国民公会还是授予了路易十六辩护权。

共和国的格言

如插图（第 86 页）所示，“统一、团结、自由、平等、博爱”是 1793 年革命政府的格言。该版画现藏于巴黎卡纳瓦莱博物馆。

令人胆寒的改革——断头台

1790 年 12 月，巴黎大学医学教授约瑟夫·吉约坦（Joseph Guillotin）向制宪议会提交了一份关于刑罚制度的改革计划。为了保证公民之间人人平等，他提议将斩首作为唯一的死刑方式（过去只有贵族能被斩首，其他人只能被绞死）。

为了让死刑更加“温和”，吉约坦博士还建议用“一种简单的机器”代替刽子手来执行死刑，同时他对这一机器进行了描述（类似的刑具在中世纪就已经出现了，只是还不甚完善）。不过，当时议会并未采纳他的任何提议。1791 年 6 月，另一位议员成功推动议会批准将斩首作为唯一的死刑方式。这时，政府的刽子手桑松（Sanson）发现吉约坦的方法能提高斩首的效率，于是人们开始重新审视吉约坦的“发明”。另一位医生安托万·路易（Antoine Louis）博士在一名德国钢琴制造商的帮助下改进了断头台，因此断头台也曾被称为“路易机”[13]。断头台先在比塞特尔监狱的死尸身上进行了试验，随后于 1792 年 4 月用于斩首一名犯有暴力偷窃罪的犯人。同年 8 月，国民自卫军秘书丹格尔蒙被控密谋反革命政变，因而成为第一位命丧断头台下的政治人物。

插图 18 世纪的断头台模型，以木头和金属制作，现藏于巴黎卡纳瓦莱博物馆。

12 月 11 日，一份起诉状发表，其上罗列了“法国末代皇帝路易”自革命开始以来犯下的累累罪行。起诉状称，路易十六密谋推翻宪法并将法国拱手让给外国军队。证据是从杜乐丽宫搜出来的文件中找到的，这还多亏了 9 月的时候国王的一名旧仆透露了宫中暗柜的位置。这些证据足以显示路易十六对革命者毫无感情，但是并不能够支撑起诉状中对路易十六的指控，如 8 月 10 日命令瑞士卫兵向起义群众开火的指控就没有证据。虽然足以证明各项指控的文件实际在几个月后才被发现，但是有没有证据并不重要，因为在当时的议员和无套裤汉心中路易十六毫无疑问是有罪的，尤其是无套裤汉更是对他恨之入骨。

[13] 现在一般称断头台为“guillotine”，即“吉约坦机”。——译者注

12 月 26 日，国王的辩护人提交了辩护词。因此，国民公会应该决定国王是否有罪，以及有罪的话应受何种刑罚。部分吉伦特派议员称应想个万全之策以避免此时刺激到欧洲各国君王，他们要求通过各级议会来让人民决定国王的命运。这实际上是寄希望于法国偏远地区对君主制还有留恋，同时也是拖延判决执行的时间。罗伯斯庇尔否定了这项提案，因为他认为这有可能引发内战。议会采纳了罗伯斯庇尔的观点，判决最终于 1793 年 1 月 14 日开始。第一次投票的结果十分明确：691 票赞成国王有罪，17 票弃权，0 票赞成国王无罪。第二次投票则出现了争议：387 票赞成立即处死国王，288 票赞成囚禁国王并在刑满之后将其流放，72 票赞成死刑缓期执行。为了打消疑虑，国民公会于四天后重新组织投票，就是否给予国王缓刑进行表决。结果，310 票赞成缓刑，380 票赞成立即执行死刑。

1 月 21 日上午，时年 39 岁的路易十六被带离圣殿塔。押送国王的路上采用了极其严厉的安保措施：国王由 2000 名守卫护送，车队经过的道路上必须门窗紧闭，士兵们沿着道路排成几列……在肃穆的晨雾中，车队于两个小时之后抵达了人潮汹涌的革命广场。国王刚开始还试图在人民面前证明自己的清白，后来就放弃抵抗任刽子手施力了，直到 12 法寸[14]长的白刃从他颈上落下。当刽子手桑松向观众展示国王首级的时候，群众欢呼雀跃，大学生们将帽子扔向空中。许多好奇的人甚至靠近断头台来，用手指或衣摆浸染“暴君”的血液。按照路易斯·塞巴斯蒂安·梅西耶（Louis Sébastien Mercier）在《新巴黎》（*Le nouveau Paris*）中的描述，人们离开的时候“勾肩搭背、欢声笑语，就像刚刚参加完宴会一样”。

对于巴黎人民来说，国王被斩首就意味着君主制度也灭亡了。对于政治精英来说，处决路易十六象征着革命进程中的一道分水岭——“弑君者”在表决中获得了多数票，意味着大多数人都支持更激进的革命。犹豫之后，许多温和派也加入了激进派的行列。一位名为勒巴（Le Bas）的议员称：“我们已经无路可退了。无论愿不愿意，我们都必须继续前进，现在我们终于可以说出这句话：不自由毋宁死。”那些选择了宽恕国王的人，包括一部分吉伦特派成员在内，预感到自己在此事中温和

[14]“法寸”为法国古代长度单位，1 法寸约合 27.07 毫米，12 法寸约为 32 厘米。——译者注

路易十六向家人告别

1793年1月20日晚上8点，路易十六把家人召集到圣殿塔的大堂内，向他们宣布刚刚被国民公会判处死刑的消息。当时，在场的人称国王一家痛哭了将近两个小时才停止，随后试图互相安慰，而年幼的王子则紧紧抱住父亲的膝盖。版画，作者不详，现藏于巴黎卡纳瓦莱博物馆。

的态度可能会使自己成为被攻击的目标。

路易十六之死，使国外对大革命的态度发生了转变。很多曾经狂热拥护1789年大革命的知识分子感到失望，甚至转而反对大革命。德国剧作家席勒（Schiller）在1793年2月写道："十四天来，我读不下去任何法国报纸；这些卑鄙的强盗农奴使我反胃。"在维也纳、马德里和柏林，曾经对法国波旁王朝的困境袖手旁观的专制君主，如今纷纷哀叹神授之君权竟蒙此羞辱。就连英国首相小威廉·皮特（William Pitt）也对此感到愤怒，称这是"世界上前所未有的最疯狂、最残酷的行为"。

无论如何，法国的社会革命取得了胜利。断头台成了国家的新祭坛，处决国王的创举将君主制度拉下了神坛，取而代之的是共和制度。从瓦尔密平原到革命广场，鲜血铸就了共和国的历史。圣茹斯特总结道：“那些革命到半途而止的人是在自掘坟墓。”

档案：君主制的末日

尽管很多人努力想让路易十六成为立宪君主，但反对君主制的声音越来越强烈，最终导致君主制于 1792 年被推翻。

法国大革命的历史，可以理解为专制与立宪制、君主制与民主制、秩序与自由之间的碰撞。大革命的每个阶段都有不同形式、不同程度的冲突。为了达成一致，人们尝试了许许多多的方式，这些方式形成了各式各样的政治理论。大革命也是一场反对君主制度及其千年历史的漫长斗争。悠久的历史赋予了君主制神秘的光环，这一制度已经深深铭刻在了人民的思想之中，而现在人民要战胜它、消灭它。从这方面看来，礼节、态度和习惯的改变，有时比激情洋溢的演说更能反映革命精神的发展以及王室形象的崩塌。

议会上的国王

王室形象崩塌的第一幕就发生

路易十六（左图）

这张国王的肖像画上展示了象征国王尊贵身份的装饰物。安托万-弗朗索瓦·卡莱（Antoine-Francois Callet，1741—1823）所作，现藏于凡尔赛宫法国历史博物馆。

国王与人民的决裂

1789年10月6日

进攻凡尔赛 一群巴黎人攻击了凡尔赛宫并将国王一家带到巴黎，整个宫廷从此搬到了巴黎。

1791年6月21日

瓦雷纳出逃事件 国王一家逃出巴黎，却在边境附近被捕。在国王出逃期间，政府正常运转。

1792年8月10日

攻占杜乐丽宫 人民对君主制度的敌意越来越深，他们攻占了杜乐丽宫。国王被推翻，共和国宣告成立。

1793年1月21日

处决国王 国民公会以叛国罪判处路易十六死刑，国王在巴黎革命广场（协和广场）上被斩首。

1793年10月16日

处决王后 革命法庭以勾结外国罪判处玛丽·安托瓦内特死刑，王后被斩首。

玛丽·安托瓦内特

这是 1780 年的银质镀金镶珐琅化妆盒，上面有法国王后的细密肖像画。

国王叛国的证据

路易十六被送上断头台的主要罪名是叛国罪，他被指控煽动以奥地利为首的外国势力入侵法国。人们在宫中的铁质暗柜里发现了38份文件，这是国王的部分秘密信件。在革命者看来，这些信件证明了国王有罪。审判期间，国王看都没看一眼就直接否认这些信件是出自他自己之手。不过，虽然玛丽·安托瓦内特王后在写给费尔桑的信中提到了要入侵法国以消灭这些“潦倒”的革命者，但是信件显示路易十六总是谨慎地拒绝王弟们的激进计划。路易十六的王弟希望“重建过去的秩序”，并认为要实现这一目的就“必须血流成河”，但路易十六则主张召开和平大会来结束革命，且事后不进行打击报复，也不彻底回归旧制度。

插图　审判路易十六。18世纪版画，现藏于巴黎卡纳瓦莱博物馆。

在1789年7月15日，即巴黎人民攻占巴士底狱的第二天。三周前，国王还想封禁国民议会第三等级的宣言以显示自己的权威，但在起义次日的梅尼大会堂内，他却被迫在议会面前保证会撤走战神广场上镇压起义的军队。路易十六收获了议员们的掌声，回到宫殿后还站在阳台上向臣民致意。国王进入议会大厅的时候没有带随从，也没有任何象征其地位的仪仗或装饰，而且全程步行，从那一刻起他就暴露了自己软弱的一面。正如历史学家西蒙·沙玛（Simon Schama）所说：“作为惩罚，国王必须步行进入议会，威严的波旁王朝就此敲响了丧钟。”两天后，路易十六前往巴黎的时候也是身着便装，没有奢华的排场。在巴黎市政厅内，他把三色帽徽别在了自己的帽子上。

马勒泽布——国王的辩护人

马勒泽布是路易十五和路易十六的旧仆。在革命的第一阶段，他一直处于政治边缘。1792 年，当时已经 70 多岁的马勒泽布主动提出要在审判中为国王辩护。后来，他为此付出了惨痛的代价。1794 年 4 月，他被指控犯有反革命罪，他的女儿、孙女和孙女婿也与他一起被处决。

上图 马勒泽布半身像，让-安东尼·乌敦（Jean-Antoine Houdon）所作，现藏于卢浮宫博物馆。

10 月 5 日这一天，以女性为主的众多巴黎人民朝着凡尔赛宫游行，目的是抗议生活成本增加。这一事件标志着君主制的日渐衰落并进入了新阶段。但是君主制的光环还在，游行群众派出了一名 17 岁的年轻女孩来向国王表达人民的诉求，而她一见到国王就晕倒了。后来，国王对她提出的要求做出了承诺，她兴冲冲地离开了。然而，次日上午示威者就袭击了凡尔赛宫，王后的性命受到了威胁。

在国民自卫军的护送下，国王及其家人被带到巴黎。路易十六前往巴黎市政厅，人们还是按照惯例为他准备了王座。议会做出了一项具有象征意义的决定——将国王的头衔“法国和纳瓦拉国王”改为“法国人的国王”。换句话说，君主不是国家的所有者而是人民的代表，人民由个体组成并赋予国王权力。

迁至巴黎后，路易十六不得不寄希望于成为立宪国王。1790 年 2 月，国王身穿朴素的黑色服装，在议会前宣誓将捍卫和维护宪法所规定的自由，然而他本人却失去了自由。同时，他还承诺会将王子培养成一名真正的立宪君主。巴伊激动地回应："您将会是正义的路易、善良的路易、明智的路易，而且您将成为名副其实的伟大的路易。"

几个月后，人们举办了联盟节以庆祝攻占巴士底狱一周年，组织者通过各种具有象征意义的手段强调了君主制度的新特征。其中，最重要的是他们把国王安置在议员席旁边的亭子里，亭子中间摆放着国家祭坛，祭坛后面坐着 7 月 14 日的英雄人物拉法耶特。

瓦雷纳危机

许多历史学家认为，1791 年 6 月王室外逃事件使君主制名誉受损最严重。国王突然失踪，让众多政治领袖晕头转向。起初，面对权力的真空，议员们感到惊慌失措，他们甚至不知道如何定义这件事：有人说这是一个"意外情况"，有人说这是个"令人不安"的消息，还有人为此痛心疾首。

经过几个小时的讨论，他们终于为疏导公众舆论找到了一个解释：国王被绑架了。古往今来，人们都认为国王绝不会犯错，只会为佞臣所蒙蔽。虽然路易十六离开之前在杜乐丽宫中留下了声明，声明中陈述了他外逃的真正动机且明确指责了革命团体，但是这并没有改变议员们的态度。他们继续声称有人要"谋害"王室、"危害国家"，并坚称国王是被"引诱"的。与此同时，所有人一致同意必须要维持社会秩序，以确保国王离宫期间一切如常。

为了避免君主缺位可能引起的危机和暴力事件，两天之内相关人士都没有透露国王的踪迹，生活一如既往。同时，议会继续就国王出逃之前的议题进行辩论。在雅各宾俱乐部内，巴纳夫宣称："国王已远离了国民议会。……而我们冷静果敢、坚如磐石，我们充满了力量。"后来，人们常常满怀自豪地回忆起那段时期。格雷瓜尔（Grégoire）神甫就写道："无论是那一天还是接下来的几天，巴黎都是如此美丽，我们从未见过这么平静的巴黎。议会如此庄严，在采取必要措施以确保政府正常运转之后，就照常开始了议事日程……没有什么能描绘出议事日程开始时议会内爆发的欢快景象，全欧洲都应该铭记这一刻。”几十年后，历史学家埃德加·基内评论道：“我们看到，九百人日日夜夜像同一个人一样认真思考、管理事务、颁布法令、采取行动。”因此，人民觉得新制度好像已经成熟了，不必再依赖于君王的父权形象。

这就从侧面引出了另一个问题：如果国王不在的时候国家完全可以正常运转，那为何还需要国王呢？这个问题是由哥德利埃俱乐部的弗朗索瓦·罗伯特（François Robert）提出的：“在这样的关键时期国王却不在了，但是国家难道运转得没有以前好吗？”罗伯特与大多数法官及雅各宾派不同，他拥护的是共和政体。在此之前，共和制的支持者还非常少——卡米尔·德穆兰认为在攻占巴士底狱之前法国共和党不超过十二人——但是自从国王逃往瓦雷纳之后，共和制的理念开始在人民群众中传播开来。

虽然议会宣称国王是被绑架的，但是这并没能挽救国王在舆论中的形象。身为激进分子的马拉揭露了议会掩盖“叛国”罪行的事实：“绑架？那么请问是被谁绑架了呢？”而他并不是唯一有此质疑的人。在巴黎，人民对于国王的愤怒直接爆发了：得知王室逃跑的消息，巴黎人民立刻开始撕扯百合花等君主制度的象征物，抹去王冠的图案，摧毁历代君王的半身像，从商店里撤下王室的画像……就连彩票名字中的“王家”二字也被划去了。报纸对王室大肆辱骂，其中有一份报纸建议“把国王带到边境，然后朝他屁股踢上一脚”。哥德利埃俱乐部强烈谴责国王，骂他忘恩负义，是叛徒，是国家的敌人。甚至连外省的人们都毫不犹豫地说：“我们的白痴国王刚干了一件蠢事。”

无论是在报纸上还是在哥德利埃俱乐部内，人们都开始公开使用“共和”这个词。有人往议会的大门上贴了一张海报，上面简洁明了地写着：“我们摆脱了国王，国王也摆脱了我们。……有什么职位是终身任职、可以随意抛弃且傻瓜也能担任的？这样的职位不是一文不值、毫无意义吗？”羞愤的议员下令撕毁海报，并禁止

审判玛丽·安托瓦内特王后

路易十六被处决后，玛丽·安托瓦内特在圣殿塔内被继续关押了几个月。7月初，玛丽·安托瓦内特的儿子路易[15]被从她身边带走，在圣殿塔内另行关押，并受一对鞋匠夫妇监管。1793年8月1日，国民公会议员最终下令由革命法庭对废后进行审判，于是她被转移到巴黎裁判所附属监狱，而那里也是关押反革命嫌疑分子的地方。当时，审判程序已经变成了走过场，司法正义不过是徒有虚名。10月14日，玛丽·安托瓦内特到庭受审，法庭指控她犯有叛国罪，理由是她企图勾结外国势力推翻宪法建立的新秩序。但是，现场的人越来越急躁，情绪没有得到控制，而且检察官富基耶-坦维尔（Fouquier-Tinville）和法庭庭长赫尔曼（Herman）放任埃贝尔指控玛丽·安托瓦内特与她自己8岁的儿子乱伦，甚至人们还逼迫王子“招认”此事。玛丽·安托瓦内特最后说道：“我拒绝回答是因为天理不容许对母亲做出这样的指控，我不接受任何相关的罪名。”她的律师夏维-拉加德（Chaveau-Lagarde）和特龙松·迪库德雷（Tronson Ducoudray）艰难地为其辩护，他们还因此被怀疑是保王党人。黎明时分，玛丽·安托瓦内特被装在囚车内送往革命广场，赴死时满面从容。

插图 《在巴黎裁判所附属监狱的玛丽·安托瓦内特》，安妮-弗洛尔·米勒（Anne-Flore Millet）所作，现藏于巴黎卡纳瓦莱博物馆。

[15] 即未来的路易十七。——译者注

就该问题进行辩论。佩皮尼昂协会也发出了共和倾向的公报，雅各宾派采取了同样的处理方式。对于革命精英来说，共和主义在法国仍然是一个不切实际的梦想，就连罗伯斯庇尔本人也不清楚建立法兰西共和国有什么意义。

共和主义的兴起

然而，这些天来共和主义思想迅速发展，人们认为反抗旧政权的斗争最终必然废除最高封建特权——世袭君权。托马斯·潘恩和孔多塞还创立了一家名为《共和党人》（*Le Républicain*）的报纸，他们在报纸上讨论了将共和政体应用于法国的可能性。

正如历史学家莫娜·奥祖夫（Mona Ozouf）所写，“瓦雷纳危机实际上是君主制光环熄灭的关键时刻”。随后的几个月中，巴纳夫身边的温和派希望重塑王室在人民中的声望，他们建议王室更加“亲民”。但是，一方面温和派已无法应对人民激进化的压力，另一方面国王和王后因倍感耻辱而始终保持沉默，所以温和派越来越难以在人民面前掩饰二人对革命的暧昧态度。

人民对王室的敌意变得越来越露骨。1791 年 10 月 6 日，当国王首次访问新成立的立法议会时，议员们甚至拒绝为他提供正式的王座，于是国王不得不坐在议长身边一把简单的扶手椅上，虽然椅子上还装饰着百合花，但是国王的位置已不在高台中央了。当路易十六抵达的时候，议员们已经站了起来，而当他发表讲话的时候，议员们又纷纷落座并戴上帽子，这是在故意展现失礼的态度。在随后的辩论中，议员们当着国王的面讨论是否应该继续称他为“陛下”的问题。与此同时，巴黎人民对国王的仇恨情绪不断增长，已经无法遏制。

反君主制态势升级

1792 年 6 月 20 日，人民对杜乐丽宫发动袭击，国王不得不亲自与握着手枪和匕首的人群交涉，最后他头上还被戴上了一顶弗里吉亚帽。一名屠夫对他说：“先生，您的天职就是听我们说话，所以请听我们说。您是背信弃义之人，您过去一直欺骗我们，到现在还想欺骗我们。……我们已经看腻了您的套路，人民不会再充当您的玩物了。”冲突持续了几个小时，直到晚上10点巴黎市长才赶来为国王解了围。

6月20日发生的事使国王心血来潮地想和人民团结在一起，外省地区收到的信件就证明了这一点。但是，对君主制的攻击并没有因此而减弱。在议会的讲台上，吉伦特派大肆发表反对国王的言论。同时，与专制强权开战的可能性使人们头脑发热。有传言说，路易十六领导的一群政治家已经和“奥地利委员会”联手，密谋将法国出卖给奥地利。

人们要求推翻国王的呼声越来越高，也更加肆无忌惮地辱骂国王。巴黎的一个区宣布：“长期以来，卑鄙的暴君一直将我们的命运玩弄于股掌之中；要想他得到惩罚，我们就不能坐视他巩固胜利的果实。……我们不应该浪费时间来细数他的过错、罪行和卑劣行径，而应该棒打这头专制主义巨兽。……让我们团结起来，一起废黜这位残酷的国王。让我们发出同一个声音：路易十六不再是法国国王。”1792年8月10日的暴动是反君主制态势升级的结果。瑞士卫队在流血冲突中遭到屠杀，在革命浪潮前保护国王的最后一道防线轰然倒塌。王室的尊严被践踏，这为几天后议会废黜国王铺平了道路，而人民心驰神往的共和国也在那时宣布成立。

起义当天黎明，路易十六在巴黎人民的咒骂声中检阅了部队，而聚集在杜乐丽宫庭院里的巴黎人民大喊：“撤销否决权！”几个小时后，在卫兵和革命者之间的冲突爆发之前，国王接受建议携家人前往附近的议会避难。议员们把国王一家关在一间光线昏暗的小房间里，理由是法律禁止国王观看议会辩论。傍晚，起义公社下令把国王一家转移到圣殿塔。

这次国王真正沦为了一介囚徒，也没有人再避讳提及这件事情了。在圣殿塔内，路易十六听到人民大喊要将他处死，花园里也被画上了讽刺的涂鸦，描绘他被推上断头台的场景。因此，他对审判的结果不抱任何幻想。12月11日，一名卫兵奉命带国王出庭参加第一次听证会。这名卫兵与国王说话时称呼他为“路易·卡佩”[16]，国王反驳道：“这确实是我祖先的姓氏，但从来不是我的姓氏。”那天路易十六身穿橄榄绿的外套，到了国民公会之后他不得不一直站着，直到人们允许他坐下，而这是对旧礼仪的公然颠覆。在一个世纪之前的英国革命期间，英王查理一世拒不承认

[16]“卡佩王朝”是法兰西王国的第一个王朝，“卡佩”是王朝建立者雨果·卡佩的姓氏。——译者注

处决路易十六

1793 年 1 月 21 日上午，被革命者称为“路易·卡佩”的废王在革命广场上被斩首。18 世纪丹麦画派作品，现藏于巴黎卡纳瓦莱博物馆。

法庭有权对自己做出审判，而站在法庭上的路易十六却是以立宪国王的身份力证自己行为的合法性。路易十六的律师提出的论据被印发给群众，而国王的态度使他获得了公众舆论的支持。人们动员起来为国王发声，但是议会投票的结果依然赞成将国王处死。

死刑执行之前，路易十六还试图对聚集在革命广场上的人民说几句话，但是猛烈的鼓声淹没了他的声音。这便是千年王室最终瓦解的象征。

山岳派寓意画

1793 年版画，皮埃尔·莱吕（Pierre Lelu）所作，现藏于巴黎卡纳瓦莱博物馆。

插图（右侧） 大革命时期利斯河畔艾尔出产的陶盘，现藏于塞夫勒法国国家瓷器博物馆。

雅各宾共和国

路易十六被处决后，法国人民为保卫法兰西共和国而卷入了与欧洲专制君主的斗争之中。在动荡不定的政治环境下，山岳派上台了。他们急切地想要实践自己的革命理论，因此对外进行大规模战争，对内坚决镇压所谓革命敌人。

1793 年 2 月，革命者在荷兰多次挫败了第一次反法同盟的进攻。3 月 18 日，法国在内尔温登战役中战败，尽管损失并不算特别惨重，但是法国的处境开始变得艰难。革命军统帅迪穆里埃指责巴黎方面的错误指挥是战争失败的原因，他发动政变并带领十一名将领投靠了敌军。罗伯斯庇尔一直对战争的不确定性和贵族将领的阴谋感到忧虑，这一事件证实了他的想法。对他来说，战争是国内反革命分子策划的阴谋，目的是等法国战败之后粉碎革命。他还认为吉伦特派的领袖态度可疑，似乎就是打着这样的算盘。

旺代战争与反革命

1793 年 5 月底，旺代叛乱达到顶峰。领导叛乱的“大议会”（又称“沙蒂永议会”）发布宣言表明了态度。

“上帝支持最神圣、最公正的事业，神圣的耶稣基督十字架和王军的军旗将横扫无政府主义者血淋淋的旗帜。我们知道法兰西的心愿，法兰西的心愿也是我们的心愿。这心愿就是：永远保留我们神圣的罗马教廷天主教信仰；拥有一位为我们遮风挡雨的慈父般的君王……革命党，你们是我们的敌人，你们用无神论取代了正统宗教，用无政府主义取代了法律，用暴君取代了慈父般的君王……”这份宣言无疑是对革命原则的挑衅，革命党人以极端的暴力对此做出了回应。从 10 月起，共和军开始全力镇压叛乱，并在 12 月 12 日的勒芒战役中彻底击溃了旺代军。

插图 无名绘画，描绘了在勒芒战役中共和军屠杀旺代溃军的场景。现为巴黎收藏家私人收藏。

然而，外省的反革命活动更具体、更急切。在许多地区，经济困难削弱了人民对大革命的支持，新的宗教政策又使大革命更加不得民心。在四年前（1789 年），很多外省人都在陈情书上把路易十六描绘成一位慈祥善良的国王，因此国王被处决的消息令他们惊慌失措。此外，国民公会 2 月大举征兵 30 万人，征兵令在许多地方引发了暴力抵抗。

在法国西部安茹和布列塔尼之间的地区，一场真正的叛乱爆发了。3 月 11 日，3000 名农民高唱着宗教赞美诗攻占了旺代省的马什库勒。他们手持长矛、斧头和镰刀，屠杀了 40 名与共和政权有关的显要人物，其中包括一名宪法派神甫。他们将 500 人关入监狱，这些囚犯不久后就被杀害。在卡特利诺（Jacques Cathelineau）、

旺代叛乱

叛乱在广阔的卢瓦尔河地区蔓延，那里遍布山丘和密林，能阻碍大部队的行动，因此为叛乱的农民提供了优势。叛乱的导火索实际上是巴黎政府颁布的强制募兵令，但大革命的宗教政策早已在当地埋下了深深的祸根。在乡村地区，神职人员在当地人民的生活中仍然占据着十分重要的地位，但《教士公民组织法》颁布后一些教士被迫离开，大量教区被撤销，引起了人民的强烈不满。

拉罗什雅克兰（Henri de La Rochejaquelein）和夏莱特（François Athanase Charette）等有勇有谋之士的领导下，叛乱像野火一样蔓延开来。在不到一个月的时间里，叛军就从共和政权手里夺取了大片土地，眼看叛乱就要蔓延到东部和南部的其他地区。

与 1792 年 9 月一样，内忧外患把大革命置于危险之中。情况危急，必须立刻采取措施。于是，在此后的革命进程中有重要影响的两个新机构建立了，即革命法庭和公共安全委员会。革命法庭于 3 月 10 日成立，成员包括九名法官和一个陪审团。它满足了无套裤汉的诉求，即以快速的司法手段镇压一切反革命阴谋。在议会辩论中，吉伦特派议员对成立革命法庭表示强烈反对，他们认为这无异于“新的宗

1793 年旺代叛乱

1793年3月

叛乱爆发

手持长矛和斧头的农民攻击了马什库勒镇，造成500余人死亡。

1793年4月

范围扩大

整个旺代省都落入叛乱分子之手，他们获得了枪支并组建了“天主教王军”。

1793年6月

占领昂热

占领昂热和索米尔两座城市标志着叛乱活动的的高潮，但随后叛军围攻南特失败。

1793年10月

巴黎反击

雅各宾派主导的国民公会将大股部队派往西部镇压叛乱，部队在绍莱取得了决定性的胜利。

1793年12月

叛军溃败

旺代军长途跋涉、辗转多地（史称“西北风战役”），企图东山再起，却在勒芒被击溃，随后在萨沃奈遭到屠杀。

1794年1月

残酷镇压

杜罗（Louis-Marie Turreau）将军率领的“地狱部队”接到命令后在旺代省展开了清剿行动，所有叛军均被杀死。

教裁判所”。丹东当时发表的名言流传至今：“只有当我们变得可怖了，人民才不会可怖。”换句话说，革命法庭旨在避免9月的暴行再度发生。

在同一段发言中，丹东呼吁议员集中精力进行战争，同时前往各省“鼓舞那里的公民，重燃当地对自由的热爱”。此外，丹东还敦促议员“组织内阁”，因为“我们需要部长，这是不可掩盖的事实”。罗伯斯庇尔发表了类似演讲。他认为临时执行委员会权力太小且与国民公会脱节，因此需要一个具有执行权的委员会来迅速执行国民公会的各项决定。吉伦特派谴责罗伯斯庇尔的集权倾向，并认为他的计划可能演变成新的专制主义。他们称这种议会的专制与君主的专制一样，专横而可怕。但是4月6日那天，公共安全委员会还是成立了，马拉称其为“自由的专制”。公共安全委员会由十二名议员组成，成员每月更换一次，任务是监管部长、协调内外战争。公共安全委员会与一般安全委员会协同运作，但逐渐占据了主导地位。公共安全委员会虽然名义上只是议会下属的委员会，实际上却掌握了行政大权。

与此同时，山岳派向国民公会大量提交无套裤汉的诉求。其实，在3月10日之前，他们还对无套裤汉的诉求表示犹豫不决。丹东主导的第一代公共安全委员会的成员让邦·圣-安德烈（Jeanbon Saint-André）概括了雅各宾派的立场：“如果你们想要贫困人民帮助你们完成

指券——大革命期间的国债与货币

1789 年末，法国政府创立了特别金库，负责出售收归国有的教会财产。此外，政府还“指定”该金库发行了年利率为 5% 的国库债券。一年之后，议会把指券变成了强制流通、没有利息的纸币。从此，大革命期间的指券价值不断波动。1792 年指券的价格比较稳定，1791 年和 1793 年都经历了一段贬值时期，1795 年之后更是大幅度贬值。

兑换指券

一位市民把指券兑换成银币。勒·叙厄尔兄弟所作的水粉画，现藏于巴黎卡纳瓦莱博物馆。

革命，当务之急就是让他们活下去。”4 月到 5 月间，实行了与此前占主导地位的自由主义经济政策截然相反的经济控制政策，其中包括用税率来调节部分商品价格、把纸币规定为强制流通货币以限制通货膨胀，以及政府强行向富人借款。

吉伦特派倒台

虽然部分平原派（中立派）议员转为支持雅各宾派的救国政策，但是吉伦特派始终坚决站在雅各宾派的对立面。3 月 13 日，吉伦特派最优秀的演说家韦尼奥要求结束革命，他以罗马神话中吞食自己子女的神萨图恩作比喻，称革命如果继续下去就会毁灭已经取得的成果。吉伦特派指责无套裤汉为无政府主义者，同时不胜其烦的吉伦特派在议会内部找了一只替罪羊——马拉。马拉推崇“自由的专制”，支持进行社会革命，希望以暴力手段重塑社会，并在法庭之上反称吉伦特派为“罪犯”

“平等与自由的敌人”。4月13日，大多数国民公会议员赞成起诉马拉，随后马拉被带到革命法庭，似乎温和派已战胜了极端主义。但是，在巴黎裁判所附属监狱关押了十天之后，马拉被无罪释放，他以胜利者的姿态回到了议会。

接下来的一个月，吉伦特派采取了新的策略：他们组成了名为“十二人委员会”的议会委员会，以调查忿激派（激进派）是否有针对国民公会的阴谋。十二人委员会的成员均为吉伦特派人士，他们坐实了忿激派的罪名，并于5月24日逮捕了忿激派领袖埃贝尔和瓦尔莱（Jean-François Varlet）。次日，吉伦特派的伊斯纳尔向议会发出警告，称如果无套裤汉袭击议会，则“巴黎将会消失在共和国的版图上。可能在不久之后，人们就只能在塞纳河两岸探寻这座美丽的城市曾经存在过的证据了”。实际上，伊斯纳尔是在威胁要煽动各省起义推翻巴黎政权。二十四小时之后，在雅各宾俱乐部内，一直坚称议会不容侵犯的罗伯斯庇尔却公开鼓励人民发动起义，以“反抗堕落的议员”。因为，罗伯斯庇尔一行人知道巴黎各区人民已经自行成立了起义委员会。5月31日，昂里奥（François Hanriot）率领起义公社代表团在无套裤汉自卫军的护送下前往公社，他们提出的要求包括向富人征税、逮捕吉伦特派议员、组织“革命军”并向士兵发放酬劳等。随后，他们来到了国民公会，以谋反的罪名要求监禁22名吉伦特派议员。于是，吉伦特派和山岳派之间展开了激烈的辩论，无套裤汉手持长矛和步枪在一旁观看。然而，议会最后站在了被控告的吉伦特派议员一边。

6月2日，无套裤汉决定不惜一切代价达成目的。他们再次来到了议会，昂里奥带着士兵和大炮站在议院门口。当议员走出来交涉时，昂里奥反驳道：“告诉你们的混蛋议长，我根本没把他和他的议会放在眼里。如果一小时之内他不把那22个人交出来，我就毙了他。”国民公会被包围了。雅各宾派趁机发起投票，希望逮捕29名吉伦特派议员。韦尼奥（吉伦特派领导人）朝与罗伯斯庇尔关系密切的山岳派议员库东喊道：“给库东一杯血喝吧，他渴了。”对于吉伦特派来说，他们6月2日的失败象征着议会制从此让位于群众暴动与直接民主，国家陷入无政府状态。

吉伦特派议员被软禁了起来，但其中一些人成功脱逃并前往卡昂避难。他们在卡昂发表声明谴责道：“嗜血贪财的阴谋公社囚禁了人民的代表。它用刺刀把自己的意愿强加给人民。……再也没有真正的全国民选代表了。法国同胞！我们存放自由

的仓库被侵犯了。”这份声明显然是在煽动起义，以号召外省人民反抗极端分子控制下的巴黎政府。在过去的几个月中，里昂和马赛等城市中也都发生了雅各宾派和温和派之间的冲突，但结果却截然相反——商业和自由职业的精英动员当地人民从雅各宾派手中夺取了政权。6月2日的巴黎暴动加速了内战的爆发，这场内战波及了法国三分之一的省份，造成大量人口死亡。

这场资产阶级革命起义得到了人民群众的支持。土伦的商人、律师、海军军官和公务员组成了总务委员会，他们概括了起义的目标：“我们希望安心享有我们的财产、土地、劳动果实和工作成果。”雅各宾派称这一运动为反民族、反革命的“联邦党叛乱”，因为该运动的目的是按照美国模式建立起相互独立的共和国联合体。实际上，除了比佐（Buzot）等少数人之外，大部分吉伦特派都没有这样的想法。

吉伦特派倒台

在昂里奥率领的无套裤汉部队发出了最后通牒之后，议员走出议会，希望以协商的方式达成一致。但是，迎接他们的是起义者的大炮，大炮的炮口对准了议会建筑。

插图 同时期的版画，作者不详，现藏于巴黎卡纳瓦莱博物馆。

巴黎公社

自 1792 年 8 月 10 日的暴动以来，巴黎市各城区的委员组成议会，接管了巴黎市政厅。市政厅实际上成了一个独立的权力机关，呈现出极端化的革命趋势。

插图 巴黎市政厅，重建于 19 世纪末。

恐怖政策

1793 年 6 月，共和国叛乱频发：联邦党叛乱从波尔多扩大到里昂；旺代叛军占领了昂热和索米尔，其扩张程度达到了顶峰；在温和派的保利（Pascal Paoli）领导下，科西嘉脱离国民公会，成立了一个独立的共和国。同时，边境的战事也不容乐观。法国先是失去了比利时，随后美因茨也于 7 月向普鲁士军队投降；在南部地区，鲁西永遭到西班牙军队入侵。不过，国民公会付出巨大的心血迅速进行了动员和改组，这些措施很快就有了成效，军队在短时间内得以重建。夏天，部分参与叛乱的城市重新回到了共和国的怀抱。8 月底的时候，只剩下里昂和波尔多还在负隅顽抗，两座城市最终于 10 月沦陷；而土伦则向英国投降了。同样是在 8 月，共和国的军队遏制住了旺代叛军的扩张。

马拉之死

马拉遭夏洛特·科黛刺杀的事件让人民无比悲痛，他们纷纷表达对革命“烈士”的敬仰之情。刺杀事件发生几周之后，雅克-路易·大卫（Jacques-Louis David）创作了这幅著名的画作。画家以文艺复兴时期的圣母怜子画为构图灵感，突出了共和党人形象的神圣感。该画作现藏于凡尔赛宫法国历史博物馆。

在边境的战事中，共和军也挽住了颓势。

这些胜仗证明了集权政策的优势，因为当时的权力掌握在国民公会及其委员会的手中，尤其是公共安全委员会。公共安全委员会在夏季发生了大换血，丹东离开委员会，罗伯斯庇尔、圣茹斯特和库东成为新任委员，而同时上任的还有一批曾统筹战事的军官，其中包括拉扎尔·卡诺（Lazare Carnot）和普里厄（Prieur de la Côte d′Or）。虽然从理论上说，委员会每个月都要换届，但在整个雅各宾派执政时期，委员会的成员几乎没有变化。对当权者来说，最尖锐的问题是如何安置曾经在 6 月 2 日帮助雅各宾派阵营取得胜利的无套裤汉。1793 年 6 月，新宪法被迅速制定，罗伯斯庇尔起草了新的《人权宣言》。这两者满足了无套裤汉的很多要求，其中最重要的是“生存权”和“起义权”。

但是，雅各宾派领导人还必须限制巴黎各区的人民运动，以防止叛乱和直接民主使政治活动陷于瘫痪。实际上，忿激派对新宪法并不满意。6 月 25 日，忿激派领导人之一雅克·鲁向国民公会递交了请愿书，表达了他们的不满。他认为至今为止只有富人从革命中获利了，而“现在是时候结束利己主义者向劳动阶级发动的生死之战了”，并提出解决问题的办法在于实行“国家恐怖统治”：“应该审判投机商和囤积居奇者。……这样无套裤汉就会用长矛帮助你们落实政令。”这段演讲透露着革命脱轨的危险，代议制民主或将沦为舆论民主，民选代表可能会被巴黎的无套裤汉左右。

罗伯斯庇尔和马拉谴责雅克·鲁阴险无知，并将他逐出哥德利埃俱乐部。但是，这项决定并没能阻止有人变本加厉地煽动无套裤汉。7 月 13 日，狂热的吉伦特派成员夏洛特·科黛暗杀了马拉。随后，埃贝尔在广受下层群众欢迎的《杜申老爹报》（*Le Père Duchesne*）上表示全盘接受忿激派的计划。为了平息巴黎各区的骚乱，国民公会在 7 月和 8 月采取了重大措施：对囤积居奇者和新建粮仓来储存粮食的人处以死刑，以便统一粮食价格。国民公会还下令关闭被称为“邪恶投机者的温床”的证券交易所，这一决定象征着与经济自由主义的决裂。8 月 29 日，奴隶制也被废除了。

尽管国民公会做出了以上种种让步，但是忿激派又发起了新一轮攻势。9 月 4 日，巴黎各区的激进分子在肖梅特和埃贝尔的鼓动下占领了巴黎市政厅，他们大喊着：“要面包！要面包！”次日，他们派出代表团来到国民公会宣读请愿书，要求采取措施维持人民生计，并使用断头台来处决反革命分子。紧接着，雅各宾俱乐部的代表团也来了，他们提出了更极端的要求：“是时候让平等的镰刀高悬在每个人头顶了。议员们，把恐怖政策列入你们的议程吧。”

面对恐吓，议会从两方面采取了措施。一方面，他们决定镇压无套裤汉，重建巴黎各区的秩序。在接下来的几天里，雅克·鲁和埃贝尔等忿激派领导人被捕，巴黎各区的革命委员会被置于公共安全委员会的监管之下。最重要的是，区议会的日常集会被取消了。就此开始，区议会每周只能举行两次会议，且与会成员必须缴纳费用，其目的是防止狂热集体任意操控区议会或利用区议会不断掀起暴动。另一方

大革命时期的报刊：爆发式增长

《人权宣言》规定："自由交流思想与意见乃是人类最为宝贵的权利之一。因此，每一个公民都可以自由地言论、著作与出版。"

攻占巴士底狱之后，启蒙运动取消印刷品审查制度的愿望实现了，人们得以自由辩论。这项措施在报刊界产生了惊人的效果——1789 年下半年创立了 250 份报纸，1790 年又额外出版了 350 种刊物。1792 年 8 月，仅在巴黎就有 500 多种刊物出版，页数从 8 页到 50 页不等。刊物主要是周刊，但有的每周出版三四次。除此之外，还有一些日报，它们吸引了广泛的读者。部分日报的订阅者数以千计，如卡拉的《爱国者年鉴》（*Annales Patriotiques*）有 8000 人订阅，而埃贝尔的《杜申老爹报》在 1793 年发行了 5 万册。这些刊物的主题多种多样：布里索的《法兰西爱国者报》（*Le Patriote Français*）报导议会的辩论，《人民之友报》转载马拉抨击谩骂的言论，《爱国裁缝报》（*Tailleur Patriotique*）喜欢用粗俗的语言吸引读者，《乡间小报》（*Feuille Villageoise*）在农民群体中广为流传……这些报纸往往有着惊人的政治影响力，如德穆兰就曾在《老哥德利埃俱乐部报》（*Le Vieux Cordelier*）上猛烈抨击恐怖统治、支持"宽容"政策，并因此推翻了公共安全委员会的统治。勃然大怒的罗伯斯庇尔曾在雅各宾俱乐部内要求人民烧毁这份报纸，对此德穆兰反驳道："罗伯斯庇尔，你说得很好，但我要用卢梭的话答复你：'焚烧不是回答。'"

插图 同时期版画，讽刺报纸泛滥的情景。

面，公共安全委员会正式实行恐怖统治，满足了6月2日起义者最重要的诉求。恐怖统治包括了经济上的“恐怖”。9月颁布的“全面限价法令”限制了商品价格，标志着国家主导的经济体制全面建成，贫困阶级的生存和军队武器的供给得到了保证。为了控制价格，国家采取了高压措施，如无偿征收、搜查住所以及逮捕囤积居奇者。

恐怖统治也包括政治上的“恐怖”。1793年9月17日投票通过的“嫌疑犯法令”，波及了社会上的大多数人。除了贵族和抵抗派神甫外，流亡贵族的家人、外国人、涉嫌囤积居奇的人、被免职的官员等都被视为嫌疑犯。随后，在不到一年的时间里就有50万名“嫌疑犯”被逮捕。恐怖统治迅速变得越来越专制，已经近乎于我们今天所谓的“警察国家”了。同时，各城市及城区的革命委员会通过授予“公民证”来进行思想控制。“公民证”对人们来说十分重要，因为有了它，人们才不会被随意拘留或搜查。

即便如此，还是有人认为现行的措施不够严酷，于是革命法庭变本加厉。9月到10月期间，革命法庭对君主派、斐扬派、吉伦特派一干人等进行了大型审判。在雅各宾派“非黑即白”的二元观念中，政敌全部被归为反革命分子。因此，历史学家帕特里斯·格尼费（Patrice Gueniffey）称雅各宾派的统治是“制造一致的机器”。10月31日，包括布里索在内的22名吉伦特派成员被处决。一周后，又一位吉伦特派的知名人士——罗兰夫人被斩首，而罗兰夫人走上断头台时所说的名言则流传于世：“自由，多少罪恶假汝之名以行。”

战争中的国家

在无套裤汉的要求之下，雅各宾派控制的国民公会采取了又一项措施——大举征兵。自1789年以来，法国的军队都由满腔热忱的志愿者组成，但是他们在兵役结束之后都急不可耐地返回了家乡，而这种情况给军官指挥战争带来了极大的困难。于是，国民公会于1793年2月决定征募30万名士兵。8月，大举征兵的法令颁布，针对全体25岁到30岁之间的男性。按照这种专横的征募方式，理论上应该有50万名符合条件的人加入军队，但是结果仅有一半多一点的人应征入伍。国民公会向全社会发布了长期动员令，而征兵令只是其中一部分。该动员令宣称：“已婚男人

应该锻造武器、运输粮草；妇女应该编织帐篷、缝制衣物，并去医院工作；孩童应把旧衣服做成纱布；而行动不便的老人应该在他人的帮助下前往公共场所鼓舞士兵的士气，散播对国王的仇恨，呼吁共和国的团结统一。”

起初，雅各宾派领导人还勉强遵守动员令的原则，但他们更加注重军队纪律而不是爱国精神。为新军配备军官的事情刻不容缓，公共安全委员会的领导人都曾经在旧制度的高等院校中接受过军事培训，他们在这方面发挥了重要作用。卡诺负责制定战略，普里厄建起了新的兵工厂以制造大炮、枪支和弹药，兰代（Lindet）负责财务和军需，让邦·圣安德烈则致力于海军事务。最优秀的科学家都被请来教授武器制造方面的实用课程，其中就包括化学家蒙日（Gaspard Monge）。

永无止境的辩论

国民公会议员之间的辩论经常持续到黎明。上图为保罗·舍纳瓦尔的画作，描绘了议会在夜间集会的场景，而那次会议最终决定处决国王。该作品现藏于里昂美术馆。

土伦：拿破仑一战成名

土伦是参与 1793 年联邦党叛乱的城市之一。土伦的小资产阶级群体揭竿而起，反抗当地的雅各宾政权，并建立了分区而治的管理体制。

1793 年 8 月底以来，君主派控制了土伦，他们向英国舰队敞开了港口的大门。这座城市成了反革命活动的大本营和外国势力渗透的前沿地带。收复马赛之后，共和国政府集中兵力对付土伦，于是这座港口城市被包围了，但是战事陷入了僵局。在东部，从意大利过来的军队占领了法隆山上的战略要塞，但不久之后就得而复失。在南部，英军依靠小直布罗陀堡牢牢控制着海湾地区，以致法军受挫。迪戈米耶将军决定把攻占小直布罗陀堡的任务交给一位科西嘉岛来的年轻炮兵队长，他的名字叫拿破仑·波拿巴。

插图 下页（第 117 页），油画，作者不详，描绘了 1793 年拿破仑在土伦的场景。

左侧，1797 年雅克·路易·大卫所绘的拿破仑肖像画，现藏于巴黎卢浮宫博物馆。

① **小直布罗陀堡**

拿破仑率领的炮兵部队猛轰小直布罗陀堡，最终于 12 月 17 日攻下堡垒。

② **法隆堡**

德拉珀普（Jean François de La Poype）将军的部队于 12 月 18 日攻克了法隆堡，土伦从此腹背受敌。

③ **英国舰队**

英国舰队在法国舰队和兵工厂内纵火之后弃土伦而逃。

前线也开始了大清洗，曾在君主制时期为军队效力的将领都被清除（凯勒曼和屈斯蒂纳被捕，后者还被斩首）。取而代之的是年轻将领，他们的出身都很低微：儒尔当（Jean-Baptiste Jourdan）的父亲是利摩日的缝纫用品商，皮舍格吕（Jean-Charles Pichegru）的父亲是农民，奥什（Lazare Hoche）在军人父亲去世之后就沦为了孤儿……他们都是多亏了大革命才平步青云的。奥什于1793年被任命为将军，时年仅24岁。当他来到阿登省的前线时，一名士兵惊呼："我们的新将军像革命一样年轻，像人民一样健壮。"经过加强和重组，共和国军队的胜利指日可待。在10月的绍莱战役中，革命军血腥镇压了旺代叛乱。在东部战线上，他们在翁斯科特延缓了英军的攻势，又在瓦蒂尼抵挡住了奥地利军队。在卡诺和儒尔当的率领下，法军在瓦蒂尼战役中充分展现了自己的实力。到了12月，仅剩土伦这一座联邦党人的叛乱城市还在负隅顽抗，但最后也在法军的围困之下沦陷了。在土伦一战中，一名 24 岁的科西嘉军官以惊人的天分和充沛的精力崭露头角，他就是拿破仑·波拿巴。

10 月 10 日，共和国军队刚刚扩充完毕，国民公会就宣布无限期推迟实施 1793 年 6 月 24 日颁布的宪法。按圣茹斯特所说："在赢得和平之前，法国政府要始终保持自身的革命性。"他认为权力应完全掌握在国民公会手中。以公共安全委员会为首，国民公会下设的委员会绕过宪法而行使起政府的职权，恐怖统治成了共和国的日常工作。曾经参与联邦党人叛乱的城市尝到了苦果，它们在投降几周之后遭到了极其凶残的报复。其中，里昂有 2000 人被处决、1.6 万间房屋被摧毁；里昂被更名为"解放市"，马赛改称"无名城"。罗伯斯庇尔拒绝对里昂做出宽大处理，他说："必须为受害者报仇雪恨，必须把失去伪装的怪兽消灭干净。"西部的南特和昂热也发生了残酷的大规模处决。囚犯被塞进船舶的货舱里，随船一起沉没在卢瓦尔河底。在讨伐旺代叛军的过程中，杜罗将军和他的"地狱部队"收到命令，要求杀死所有手持武器的"歹徒"，即使平民手持武器也不例外，"包括妇女孩童，全都要杀死。……要把所有能烧的人都扔进火里"。据估计，旺代战争中有 10 万人丧生，某些地区的人口甚至死了四成。

宽容派的分歧

共和国的反宗教热忱和过度镇压行为引起了雅各宾派领导人的不安，尤其是罗伯斯庇尔。信奉自然神论的罗伯斯庇尔拒绝开展去基督教化运动，他认为发起这项运动的人都是无神论者和唯物主义者。约瑟夫·富歇（Joseph Fouché）和拉普朗什（Jacques Léonard Laplanche）等酷爱使用暴力手段的议员被追究责任，越来越多的人开始谴责"过度革命""夸大革命"的行为。12 月 3 日，丹东在雅各宾俱乐部内呼吁要警惕那些"想要把人民带离革命范围，鼓吹过度革命"的人。与此同时，他指出有传闻说埃贝尔及其追随者贪污腐败、勾结外国势力。

在这样的形势下，催生了一股新的潮流——宽容派。12 月初，丹东的好友德穆兰（1789 年 7 月 14 日攻占巴士底狱的重要人物之一，此后一直活跃在民主刊物的第一线）创办了一本新刊——《老哥德利埃俱乐部报》（*Le Vieux Cordelier*）。从一开始，他就在这本新刊中批评“过度革命”的行为。在第 3 期中，他画了一幅画，描绘提贝里乌斯和尼禄统治时期罗马的恐慌气氛和迫害行为，这让人不禁联想到当时的巴黎。但从 12 月底发行的第 4 期开始，他转为公开谴责恐怖统治：“你们把 20 万公民当作嫌疑犯，要把他们抓起来，那你们就自己去建监狱吧。在《人权宣言》里没有‘嫌疑监狱’，只有关押真正罪犯的拘留所。……你们想把你们的敌人都送上断头台！但是，你们就以为可以从此高枕无忧了吗？你们以为只有这些被你们关起来的妇女、老人和革命消极分子能对你们造成威胁吗？”

《老哥德利埃俱乐部报》的文字引起了极大的轰动，深深震撼了巴黎内外的进步人士。当时，有很多人都认为恐怖统治已经实现了对内维护稳定、对外赢得战争的目标，因此无须再继续下去。于是，文风质朴有力的德穆兰便成了他们的代言人，他呼吁采取宽容的态度以寻求和解、结束革命。此时，曾在 3 月力主创立革命法庭的丹东也提倡组建“宽容委员会”，以解决很多毫无过错的人被打成“嫌疑犯”的问题。12 月 20 日，国民公会通过了丹东的提议。但是，雅各宾派中最激进的一部分人沉迷于“罗马式”的激进爱国主义，他们拒绝表现出任何同情，因为在他们眼里同情嫌疑犯是叛国的行为，就连持不同政见或是保持缄默的人都被他们归为保王党。

罗伯斯庇尔也和丹东、德穆兰一起抨击埃贝尔的拥趸。在《老哥德利埃俱乐部报》头几期出版之前，德穆兰甚至都先让罗伯斯庇尔过目。他们两人是路易大帝中学的校友，所以很早就结识了。德穆兰迎娶娇妻露西尔·迪普莱西的时候，罗伯斯庇尔还参加了他们的婚礼。但是不久之后，罗伯斯庇尔就认为丹东集团对国家统一构成了威胁，与埃贝尔派的人是半斤八两。1 月 9 日，罗伯斯庇尔在雅各宾派俱乐部内说道：“一段时间以来，有两伙人一直在明争暗斗，一伙人有温和主义的趋势，而另一伙人以爱国之名走向了反革命的极端。”这句话预告了偏离出革命正轨的

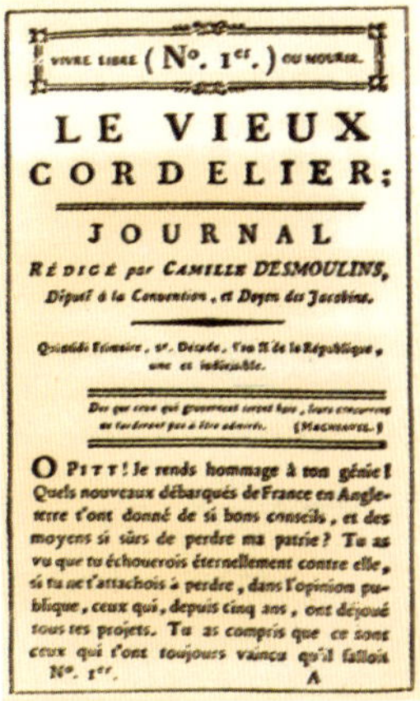
VIVRE LIBRE (No. 1er.) OU MOURIR.

LE VIEUX CORDELIER;

JOURNAL

RÉDIGÉ par CAMILLE DESMOULINS, Député à la Convention, et Doyen des Jacobins.

[illegible]

[illegible] (MACHIAVEL.)

O PITT! Je rends hommage à ton génie! Quels nouveaux débarqués de France en Angleterre t'ont donné de si bons conseils, et des moyens si sûrs de perdre ma patrie? Tu as vu que tu échouerois éternellement contre elle, si tu ne t'attachois à perdre, dans l'opinion publique, ceux qui, depuis cinq ans, ont déjoué tous tes projets. Tu as compris que ce sont ceux qui t'ont toujours vaincu qu'il falloit

No. 1er. A

德穆兰的《老哥德利埃俱乐部报》（*Le Vieux Cordelier*）

该报一共发行了 6 期，发行时间为 1793 年 12 月 5 日至 1794 年 1 月 25 日之间。

上图 第 1 期首页。

大恐慌：消灭祖国的敌人

国民公会 1794 年 6 月 10 日颁布的法令将恐怖统治推向了顶峰。出于对国家和民族安危的忧虑，这项法令允许采取一些特殊措施，如取消被告的辩护权乃至跳过审讯程序，再如可以在毫无证据的情况下仅凭法官主观臆断做出判决。

雅各宾派的乔治·库东在罗伯斯庇尔倒台前一直对其忠心耿耿，他在国民公会上表示强烈支持这项法令。他认为司法程序对寻常罪行来说确实必不可少，但是在叛国罪的审判中则会适得其反：“相反，谋反罪直接威胁社会的存续和自由，而社会的存续和自由又是密不可分的。现在恶棍的生命和人民的生命被摆在了天平的两端，任何拖延时间的行为都无异于犯罪，任何宽容或多余的程序都威胁着公共安全，必须在发现国家的敌人的时候就立即给予惩罚，而这个惩罚就是消灭他们。我们这场革命需要不断推翻旧事物，因为这是一场自由对暴政、美德对罪恶的战争。我们不能仅仅是杀鸡儆猴，如果我们不根除君主专制的喽啰，他们就会冷酷无情地将我们和共和国一同消灭。对他们的宽容是对我们的残暴，宽恕也是杀人工具。”因此，库东支持采用司法之外的手段消灭“国家的敌人”。但是，并非所有的雅各宾派都认同他的观点。

插图 1795 年的寓言画，描绘了 1794 年恐怖统治下的加来海峡省。现为私人藏品。

思想趋势将被镇压。

忿激派成为镇压活动的第一个目标。国民公会曾经试图获得忿激派的支持，并因此颁布了一些法律来援助“贫困同胞”，以使“穷人无须再行乞”。然而，忿激派 3 月 4 日夜间在哥德利埃俱乐部集会，将一块黑布盖在了“人权宣言”的画像上。一位很有影响力的埃贝尔派人士莫莫罗（Antoine-François Momoro）宣布，黑布要一直盖到“派别之争消弭、人民重获其神圣权利的那一天”。这一举动显然是在效仿“8 月 10 日事件”和“6 月 2 日事件”，号召人民起义。但是，在过去的几个月

罗伯斯庇尔倒台

“牧月法令”造成了严重的后果。执行死刑的次数越来越多，一直到热月政变之前增速都没有放缓。

	死刑	释放
芽月（公历3月21日—4月19日）	155	59
花月（公历4月20日—5月19日）	354	159
牧月（公历5月20日—6月18日）	509	164
获月（公历6月19日—7月18日）	796	208
热月（公历7月19日—7月27日）	342	84

芽月的时候平均每天要执行 5 场死刑，牧月就变成了每天 17 场。随着恐怖统治的各项法令颁布，死刑的密度继续上升，获月时达到了每天 26 场死刑，而热月的前十天每天有 34 场死刑。各项报告都显示无罪释放的比例持续下降，前两个月还是 30%，后两个月就下降至 20%。

关于大革命期间到底有多少人遇害的问题，一直没有定论。统计出遇害人数最多的是 19 世纪 30 年代的美国历史学家唐纳德 · 格里尔（Donald Greer），他认为遇害人数在 3.5 万至 4 万人之间。但是，他的数据中包括了 1793 年几场叛乱中被处死的人数，而我们一般将这些人的死亡归因于内战而不是革命。格里尔统计后认为，恐怖统治时期的遇难者有 16 594 人。

中，公共安全委员会已经牢牢控制了政治俱乐部和区议会的活动方式。因此，在约定起义的那天，巴黎 48 个区中仅有一个区的人民响应了号召，他们占领了市政厅之后也不得不马上撤离。一周后，埃贝尔等煽动起义的人被逮捕，革命法庭以通敌叛国罪判处他们死刑，并于 3 月 24 日被处决。

仅仅五天后，丹东、德穆兰及其部分党羽也被捕了，而对他们的指控就更加荒唐了。丹东的罪名包括勾结奥尔良公爵密谋造反、在“九月大屠杀”中包庇罪犯，甚至还有人指控他在听到别人演讲中的“美德”一词时发出了笑声。几名涉嫌金融

“至上崇拜”与“至上崇拜节”

1794年5月7日，国民公会确立了“至上崇拜”信仰，目的在于巩固革命理想，同时打击几个月以来一直在全国鼓吹去基督教化的无神论者。1794年6月8日的“至上崇拜节”是使民众接受这一新兴公民宗教的机会。为了让更多人参与到节庆活动中来，政府毫不吝惜钱财。当天早晨，巴黎各区代表组成的大型合唱团在杜乐丽宫内演唱爱国题材的清唱剧，该剧目由戈塞克（Gossec）作曲、舍尼埃（Chénier）作词。随后，罗伯斯庇尔亲手破坏了象征无神论者的肖像，并为智慧之神的雕像揭幕。下午，战神广场上进行了大规模游行，右侧德马希（Pierre-Antoine Demachy）的画作就描绘了这一场景。该画作现藏于巴黎卡纳瓦莱博物馆。

① **战神广场**

在战神广场上举行，当时战神广场被更名为“集会广场”。国家祭坛从1790年起矗立于此。

② **智慧之神雕像**

雕像被摆放在彩车上，由八头牛拉着游行。雕像旁边有一把犁和一台印刷机，它们象征有价值的工作。

③ **游行队伍**

彩车前的队伍里有歌唱神明的盲童、拿着玫瑰花的妇女和牵着自己孩子的男人。

牧月

“至上崇拜节”被定在牧月20日（牧月是法国共和历中的第九个月）。

彩色版画，现藏于巴黎法国国家图书馆。

❹ 假山

在集会广场（战神广场）的中央，画家大卫用石膏和纸板搭起了一座壮观的假山，上面有一棵自由树。

❺ 赫拉克勒斯像

假山上立着一根15米高的圆柱，圆柱顶上是赫拉克勒斯的巨像，赫拉克勒斯手中握着自由之神的雕像。

❻ 合唱团

山坡上是2400名歌手组成的合唱团，他们是巴黎各区的代表，按年龄和性别分成了几组。

至上崇拜圣殿

这是1798年讷韦尔产的陶盘，上面绘有至上崇拜圣殿的图样。现藏于巴黎卡纳瓦莱博物馆。

丑闻的温和派政客也与丹东等人同时出庭受审，这是让后者也背上腐败污名的伎俩。庭审期间，丹东以其雄浑的嗓音和威严的身形唬住了法官，赢得了众多旁听者的支持。丹东在法庭上谴责罗伯斯庇尔的"独裁统治"，并要求组建议会委员会。从吉伦特派的案件开始，只要陪审员认为掌握了足够的证据，法庭仅需三天就可以给出判决。鉴于陪审员都是政府筛选出来的人，他们有统一的立场，所以案件多是草草了结。富基耶-坦维尔决定进一步加快审判的速度，他要求各委员会颁布一项法令，规定在被告不尊重革命法庭的情况下可以取消其参与法庭辩论的权力。于是，庭审次日，丹东派的人没能进行法庭辩论就被判处了死刑，甚至判决宣读的时候他们都不在场。在断头台下，丹东用他一贯的挑衅语气对刽子手说："行刑之后把我的头展示给人民看吧，它值得一看。"

罗伯斯庇尔成功铲除了异己，树立了共和国的"统一意志"。他一直想实现卢梭推崇的基于政治美德和共同意志的人民主权，现在通往这一目标的道路终于畅通无阻了，并认为现在是时候建立公民宗教了。国民公会于 5 月 7 日颁布法令确立了名为"至上崇拜"的信仰，并将其视为共和国的道德基础。

一个月后，战神广场上举办了盛大的"至上崇拜节"庆祝活动。众多音乐家、画家和艺术家都参与了活动的准备工作，如画家大卫就负责搭建舞台。时任国民公会主席罗伯斯庇尔以最高祭司的身份主持了盛会。但是，观众并没有接纳这一节日，也不相信它象征的理性主义。有些人认为，这种信仰崇拜的不是至上神明，而是罗伯斯庇尔本人。约瑟夫·费维在《与波拿巴的通信和往来》（*Correspondance et Relation avec Bonaparte*）中提到，当标志仪式结束的颂歌响起时，"这个男人内心暗藏的野心都表现到了他的脸上，他自以为是国王和上帝"。

罗伯斯庇尔的"独裁统治"

罗伯斯庇尔在国民公会、公共安全委员会和雅各宾派俱乐部中享有绝对的权威。有些人指责他的行为与独裁者无异，但他本人则否认自己步上了君主专制的后尘。实际上，雅各宾派的势力并不只仰仗罗伯斯庇尔一人，而是依靠一套残酷有效的统治方法。这套方法中最重要的一环就是公共安全委员会，它控制了国内的所有政治机关。公社和其他市政机关都直接与公共安全委员会相关；控制各省的并不是国民公会代表，而是公共安全委员会的专员。公共安全委员甚至包揽了一般安全委员会的全部监督职能。一组数字就可以概括公共安全委员会活动规模扩大的程度：其雇员人数从 1793 年 9 月的 67 人增加到 1794 年 5 月的 420 人。俱乐部、区机关和市政府都变成了转达公共安全委员会意志的传声筒，公共安全委员会就是一个高度集权国家的核心，而委员会的霸权则建立在镇压机制之上。

如此集权，不可避免地将革命精神从人民的脑海中抹去了，就连一直为革命提供动力的巴黎人民也偃旗息鼓了。德穆兰在他的《老哥德利埃俱乐部报》中揭露了革命出现偏差的事实，并指出公共安全委员会的提案在国民公会中“找不出一个反对者，无须经过任何讨论，连过场都不用走”。不过，当时国家安定，边境无虞（这要归功于儒尔当 1794 年 6 月在弗勒吕斯取得的重大胜利），“派系”也消失了，但是正如圣茹斯特所承认的：“革命被冻结了。”

到了 6 月和 7 月，恐怖统治非但没有平息，反而达到了新的高峰。政治派系卷土重来的可能性让罗伯斯庇尔寝食难安，他起草了一项法令以进一步削弱被告在革命法庭的权利。这项法令于共和二年牧月 2 日（1794 年 6 月 10 日）颁布，它取消了被告获得辩护律师的权利，并规定只要有一份口头证词被陪审团采信即可下达判决。判决不再取决于事实证据和供认书，因此死刑的数量上升了。在“大恐慌”的六个星期中，有近 1400 人被处决，比此前十四个月的总和还多。同时，巴黎的监狱中还关押着 8000 名政治犯。结束革命进程，似乎已成了痴心妄想。

无论是在国民公会还是在公共安全委员会，罗伯斯庇尔认为自己身边全是软弱、腐败或背信弃义之人。他整整一个月都没有参与政治活动，只在雅各宾俱乐部露了几次面。他回归政坛之后，国民公会和公共安全委员会的许多成员都感觉受到了威胁，其中包括富歇、肖梅特、塔利安这样的“反基督教主义者”或“恐怖分子”，还有卡诺等温和派人士，甚至连俾约–瓦伦（Billaud-Varenne）和科洛·德布瓦（Collot d'Herbois）等部分狂热的雅各宾派也无法再忍受罗伯斯庇尔的专制蛮横。在罗伯斯庇尔不在的时候，这些人全都联合起来计划推翻这位专横跋扈的统治者，只剩下了极少数人还忠实追随罗伯斯庇尔。

圣茹斯特 (1767—1794)

圣茹斯特是卢梭的狂热崇拜者，他以冷酷无情的演讲词而闻名，其名言包括“没有统治者可以无辜”“君主专制不是王治，而是罪过”“我不属于任何派系，我反对所有派系”。

左图 雅克-路易·大卫所作油画，现为私人收藏。

事件发生在6月26日。那天，罗伯斯庇尔在国民公会上指出国内有人策划阴谋，并提议进行新一轮清洗。虽然表面看起来议会和往常一样同心同德地批准了这一法令，但是辩论在是否印发罗伯斯庇尔演讲词的小问题上爆发了，而在过去印发其演讲词本来是惯例。傍晚，罗伯斯庇尔在雅各宾俱乐部内发表了同样的演讲，还引起了热烈的欢呼。不过，随后一些俱乐部成员在委员会办公室开会，决定次日采取行动。次日，即热月9日那天，圣茹斯特在国民公会上发表热情洋溢的讲话，表示支持罗伯斯庇尔，却受到了众多议员的抨击。塔利安打断了圣茹斯特，并抽出一把刀，声称如果“暴君”不被依法起诉，他就亲自动手处决。这是第一次有议员站起来反对罗伯斯庇尔。发出抗议的人越来越多，他们叫道：“推翻暴君！为丹东血债血偿！”这一口号是政变的信号，很快罗伯斯庇尔、他的弟弟奥古斯丁·罗伯斯庇尔、圣茹斯特和库东被逮捕，并被押送到卢森堡宫。

罗伯斯庇尔等人被公社内的支持者成功解救出来并带到市政厅，他们在市政府

内号召无套裤汉起义。但是，前来的都是巴黎城西和市中心的居民，他们所在的城区是巴黎最富裕的地方，大家都支持议员巴拉斯将军率领的军队。卫兵闯进了市政府并重新逮捕了罗伯斯庇尔，其间罗伯斯庇尔还企图自杀。第二天，罗伯斯庇尔和其他 22 人被带上了断头台。巴黎人民如潮水般涌到革命广场（协和广场）观看处决，现场一片欢呼雀跃的景象。

罗伯斯庇尔倒台

这幅当时的彩色版画将热月政变的两个阶段放到了同一个场景中，即下午议会讲台上的冲突和夜间各区人民攻占市政府的行动。图中画了一名警察正向罗伯斯庇尔开枪，而事实上是罗伯斯庇尔本人企图开枪自杀。

插图 版画，富勒克兰-让·阿利耶（Fulchran-Jean Harriet）及让-约瑟夫-弗朗索瓦·塔萨尔特（Jean-Joseph-François Tassaert）所作，现藏于巴黎卡纳瓦莱博物馆。

拿破仑在大圣伯纳德

该画作为拿破仑在阿尔卑斯山即意大利战场时期，雅克-路易·大卫（Jacques-Louis David，1748—1825）作品的五个副本之一，现藏于位于吕埃-马尔梅松的马尔梅松城堡。

插图（右侧） 带有浮雕玉石的镶金银制王冠，出现在拿破仑的加冕仪式上。现藏于巴黎卢浮宫博物馆。

从热月革命到拿破仑帝国的诞生

自结束了雅各宾派的恐怖统治之后，热月党人就试图建立新的政权——“督政府”。大革命趋于温和的社会改良阶段，但永无休止的政变和选举中的徇私舞弊使政治阶层在民众心目中身败名裂，而此时一位年轻将领的高大形象树立了起来，他就是来自科西嘉岛的拿破仑·波拿巴。1799 年 11 月，拿破仑掌握了政权，而五年之后他便“面南称孤”了。

罗伯斯庇尔的政权倒台以后，国民公会收到了来自法国各地的信件，内容全是庆贺独裁者末日的到来，并把他称作“施暴者”“嗜血者”“恶棍”“强盗”等，以及对他进行各式各样的谴责和鞭挞。虽然热月 9 日这天的革命与其他革命运动不同，不是源于人民暴动而是来自议会的反抗，但从这些信件中我们还是能感受到当时人们的那种如释重负之感和对重获自由的渴望，而这种自由已被恐怖统治摧残和蹂躏得消亡殆尽了。

新的领导成员中有忿激派，也有温和派，他们组织了大规模的肃清行动，要铲除罗伯斯庇尔的“信徒们”。三天之内，有 107 人被处决，其中大多是巴黎公社成员，这是法国大革命爆发以来处死人数最多的一次。在这以后，监狱又对共和二年的“嫌疑犯”逐步进行了清理。革命法院在罢免了被当作众矢之的的福基耶-丁维尔（Fouquier-Tinville）后经历了一场改革，采取了更为宽容的做法，因此公共安全委员会得以延续下来。公共安全委员会现在受制于国民公会，并且它旧有的一部分权能需要分配给政府其他委员会。同时，统制经济体系变得更加灵活，生活必需品的最高限价令被取消了。

但是，最易察觉的变化还是市井里的，那里的空气中都散发着一种新的气息。几个月的专制制度瓦解后，大辩论的氛围又重回到新闻业界中；民众涌现在餐厅、剧院、舞会场所。罗伯斯庇尔憎恶奢华和轻浮——这被他看作是君主专政的产物，而那些最有钱有势且以穿着奇异、言行做作著称的年轻的保王派花花公子们，却高调和赤裸裸地炫耀着他们的财富。这些“金色青年”们（该称呼由此而来）大棒在手，以侮辱和激怒雅各宾派和无套裤汉们为乐。据说这些纨绔子弟是受了丹东派议员塔里昂（Tallien）以及弗雷隆（Fréron）的指使，对恐怖统治的主使者寻求报复。

这一时期也被称为“绝美女人”盛行的时期，那些优雅的女人们经常珠光宝气地出入各种舞会，以袒胸露肩的深度相媲美。这其中最突出的人物便是西班牙银行家的女儿——特蕾莎·德卡巴鲁斯（Thérésa de Cabarrus），她之后嫁给了热月党人的一位显赫人物——让-兰贝尔·塔里昂而成了塔里昂夫人。在街头巷尾，不仅流传着她的艳史，人们也在议论着她穿着的新希腊风裙子。对此，塔里兰曾说：“没有人能穿得比她更奢华了。”这种迷恋并不代表旧体制的回归——贵族阶级仍有它的一席之地，而更重要的是一个新的社会阶级——资产阶级登上了历史舞台。它在大革命时期蓬勃发展起来，并以坚定的信念最终取得了经济地位和社会地位。

如果说无套裤汉早已从历史舞台上消失了，但他们的弗里吉亚帽、“以‘你’相

塔里昂夫人（Madame Tallien）：开辟了督政府时期时尚先河的“绝美女人”

特蕾莎·德卡巴鲁斯的父亲是西班牙伯爵，也是查理三世的财务大臣，母亲是一位阿拉贡资产阶级妇女，而她自己是在法国接受的上流社会的年轻女性教育。大革命将其推向了时代舞台的前端，但有人评议她是声名狼藉、令人生厌的女人。

特蕾莎14岁就嫁给了一位法国贵族，她曾是首批从大革命时期颁布的离婚法中获益的女性之一。在她还未满20岁的时候，就已经在她那所别致的住所里举办了不少受人欢迎的沙龙聚会。她有丝滑的黑发，如雪的肌肤，完美的皓齿，灿烂的笑容……美丽极了。后来，她遇到了雅各宾派运动中的人物——让-兰贝尔·塔里昂——他积极地参与过镇压反革命的行动，于是她嫁给了他。有人认为她是一个自私自利的野心家，另一些人则强调她曾运用自己的影响力拯救了一大批嫌犯。恐怖统治时期结束之后，被赞誉为“热月圣母”的她（其仁善之举配得上该称号）开始了她的沙龙生活，组织各种宴会和外出散步。她和约瑟芬·德博阿尔内（Joséphine de Beauharnais）、雷卡米埃夫人（Ma-dame Récamier）并称为“绝美女人”的典型代表。她受古典时代或埃及人的启发，喜欢穿样式新奇的裙子，披上巴黎人都喜爱的开司米披肩，让自己显得光彩照人。当她再戴上一顶草帽时，一种刻意描画的简约韵味就会得到升华。一位英国访问者谈起关于她的话题时说：“这个女人可以让地狱之门关上。”她与巴拉斯（Barras）——一名督政官保持着暧昧关系，这使得她最终离开了她的丈夫，也成了当时一大丑闻。她还是其他人的情妇，其中有将军奥什（Hoche）和银行家乌佛尔（Ouvrard）。因此，那些爱嚼舌头的人指责她拿自己的姿色做交易。

插图《塔里昂夫人》，雅克-路易·大卫所作，现藏于杜埃修道院博物馆。

称”和话中带刺的说话方式，以及他们建立的共和国机构都存留了下来。国民公会仍沿用革命政府所贯彻的原则继续运转，并依旧处于紧急管制状态，而革命法院一直维持到 1795 年 5 月。但是，一项宽大政策出台了，它许诺将以更大范围的公正取代恐怖统治政策。受这一思想主导，西部保王党人被允许只要缴械投降就可以得到赦免。

宗教政策并没有太大的转变，即使法律通过了信仰自由，但对天主教派教士们的镇压仍时有发生。1795 年 2 月，天主教派虽获得了认可，但只限于私下里小范围的开展宗教仪式，而宗教游行、穿着牧师服甚至敲钟仍被禁止，天主教派的教士们仍需在国民面前进行宣誓。热月政变只是一次政府更迭，而不是社会制度的变革。但是，此时大家原有的革命积极性已经退却，这是因为热月党人是由那些悔过自新的旧雅各宾派，联合了平原派中的温和派以及幸存的吉伦特派，重新融入国民公会中的。

热月党人的胜利

11 月，政府下令关闭了一些民众集结的社团和雅各宾俱乐部。但是，1794 年至 1795 年的严冬，基本生活用品物价上涨和指券价格的下跌让这一年成为“臭名昭著”的一年。1795 年 3 月，平民区的时局如同 1789 年一样紧张，一张张布告在号召着大家起义：“人民啊，醒醒吧，是时候了。”于是，一部分人行动起来了。4 月 1 日这天，新一轮的暴动爆发了。平民占据了国民公会，高喊着：“我们要面包，我们要 1793 年宪法！”国民自卫军驱散了起义的人群，雅各宾派的推行者（巴雷 [Barère]、比劳-瓦伦内 [Billaud-Varenne]、科洛特德赫布瓦 [Collot d’Herbois] 和瓦迪尔 [Vadier]）都被关进了监狱。一个半月后，更多的骚乱接踵而至。5 月 20 日，妇女和工人们为抗议面包份额的减少与热月党反对势力，以及要求执行 1793 年宪法，来到圣马塞尔和圣安托万郊区的平民区举行示威游行并占据了国民公会。这场冲突造成了多人死亡：在国民公会主席面前，人们将议员博伊西·德安格拉斯（Boissy d’Anglas）的头颅钉在了木桩上示众，而他却毫无畏惧地向其致敬。塔里昂和勒让德尔（Legendre）动用了城市西部的力量，驱逐了议会中的造反者。两天后，军队恢复了秩序。

对于热月党人来说，是时候铲除共和二年大革命时期的活跃分子——雅各宾派、山岳派和无套裤汉了。军事委员会判处了36人死刑，他们中有6人为山岳派议员，其中3人将自己当庭捅死。大型的政治审判，成了将独裁者或施暴者送交司法审理并定罪的机会。这些人中有听差的议员，有旧革命法院的成员，如受众人谴责而被推上了断头台的福基耶-丁维尔。总体而言，相比恐怖统治时期，司法形式得到了更好的遵守，牧月22日法令也被废除。在外省，两年前曾被遏制的被称作“白色恐怖”的联邦主义者的复仇行动，如今终于血雨腥风般地爆发了。当监狱被攻克时，那些被关押的雅各宾派成员遭到了杀害。在马赛圣让堡，

雅各宾派暴动

5月20日（共和历牧月1日）起义的平民占领了国民公会大厅，斩首了议员费罗（Féraud），而实际上他们被愤怒冲昏了头脑，把他和另外一个名为弗雷隆（Fréron）的议员混淆了。博伊西·德安格拉斯拒绝了暴动者的请求。该画作是让-奥古斯特·特利尔（Jean-Auguste Tellier）的作品，现藏于凡尔赛宫国立博物馆。

有100多名囚徒被军刀和炮弹杀戮。

对于国民公会议员来说，3月和5月的危机都证明了1793年宪法是不适时宜的，有必要出台新的基本法赋予国家坚实稳定的基础。由此，产生了博伊西·德安格拉斯领导的、十一名成员组成的委员会。委员会起草了一项提议，并在序言中简要介绍了该提议的哲学思想，即“要保证富人的财产权”,“绝对的平等是一场空想”。其表达出与斐扬派或吉伦特派相同的目的，即巩固资产阶级政权，通过强化议会程序正义恢复法律权威以结束大革命。国民公会通过了新宪法条文。紧接着，委员会采纳了所谓“三分之二法令”，它确立了下届政权的国会议员中三分之二的成员将在这次的国民公会中产生。于是，国民公会议员被讽刺地称作“永恒者”，因为他们的任期是可延续的。那些相信了热月党人承诺的人，觉得这项法令败坏了民主原则的特殊措施并欺骗了他们，而宪法条文和“三分之二法令”应该由全民公决投票制定。

9月，民众大部分接纳了督政府宪法，但有关“三分之二法令”所产生的影响却引发了一场民众间的论战。国民公会通过宣布十几张巴黎议席的投票结果作废(共计48票，其中47张为反对票）使该法令生效，而实际上这是一种程序缺陷。巴黎议席上的绝大多数议员对投票结果提出抗议，于是一场严重的政治危机爆发了，这是来自巴黎的反对势力与国家代表大会间的对立。矛盾最终升级为暴力，并导致了8000人冲击国民公会要求解散议会。事件于共和四年葡月13日(1795年10月5日)结束。当时，人们因担心旧的恐怖统治卷土重来而发起了一场暴动，军队向在圣罗克教堂前台阶上集会的人群开枪，镇压了这场暴动。不过，这段插曲却让一名正在巴黎无所事事地消磨时光的27岁军人脱颖而出——他就是拿破仑·波拿巴，拿破仑被任命为陆军准将。

督政府体制

在立法权与行政权分离之前，国民公会投票特赦了大革命时期的政治犯，但不包括葡月13日的暴动参与者，他们被定罪为王党派（保王党）。国民公会采纳了紧急情况法，旨在继续并加强对那些负隅顽抗的教士和流亡贵族进行迫害。从此，新的政体——督政府横空出世了。

共和三年宪法建立了一套复杂的社会制度体系，本质上具有维护分权制衡和社会和平的理论意义。该宪法显著的特点在于：重新沿用了1791年的纳税选举制度，并采用由五百人院和元老院组成的两院制，前者起草法律议案，后者表决通过。它旨在严格保证权力的分离，行政权交由督政府。督政府由议会选举出的五名成员组成。这个被赋予了实权的政府，还包裹着带有各种特权表征的外衣。它拥有一支侍卫队驻扎在卢森堡宫，穿着醒目而夸张的制服，包括一件绣金的红色衣服、一件古罗马式长袍和一顶三色羽饰的帽子。

立宪成员希望建立一套有利于城市精英阶层的、稳固的英式体系，因为他们认为这是更适合民众事务管理并能更好地统筹全局的阶层。但是，该组织机构既不可能以英式体制下的君主制和贵族制两个原则为基础，也不可能凭借它立宪传统的老资历而建。该宪法在执行上有其复杂性，行政权和立法权的关系难以处理，尤其一年一度的三分之一议会成员选举更是一项不稳定因素。在督政府执政的四年里，充满了接连不断的危机、暴动和政变。

国民公会的议员们清楚地认识到共和国是建立在狭隘的社会根基之上的，连年的革命与战乱已让人们疲惫不堪，也激发了人们对旧制度的怀旧情绪。但危险仍存在着，那就是未来的某天，他们可能会看到新政府被占大多数的保王党所操控。“三分之二法令”使得两院中反对派议员的议席只占三分之一，其余全部转归为国民公会议员。因此，即便选民把票投给了这些主张革命分子中最温和的一撮人，但共和二年弑君事件的150多名支持者还是拥有了议会席位。从某种程度来讲，“三分之二法令”是督政府的第一次政变，这也成了它的原罪。

首届督政府的五名成员都对处决国王投了赞成票：勒贝尔，法国向莱茵兰扩张的始作俑者；卡诺（Carnot），国民公会领导下的“组织胜利的人”；勒图尔纳（Letourneur），无政治影响力；拉雷韦利埃，倾向于吉伦特派，恐怖统治时期遭到迫害，却对天主教表现出强烈的反对；巴拉斯，骨子里是个不折不扣的热月党追

督政府：寻求秩序的建立

1795 年 4 月和 5 月间，热月党领导者们对无套裤汉发动的叛乱开始有所警觉，他们意识到了采取深刻的政治变革的必要性。督政府政权是一种建立在混合体组织基础上的政体，它杂糅了革命派和保守派两种面目。

共和三年宪法，作为督政府体制的基石，旨在拨正上届共和体制出现的两个主要方面的错误：第一是立法程序上的。考虑到旧体制下的议会形式单一，容易导致决议制定时过分仓促和过于激进，热月党人将立法权分配给了两个议会——五百人院和元老院。他们还运用了一套调和机制对该组织进行完善。同时，五百人院需经过三轮讨论才能完成法案的提议工作（每轮中间间隔 10 天），然后交由元老院再行商议，而这个过程也分三轮进行，最后才能宣布法案通过。第二是关于各对立的委员会中的行政权分割问题。从此，行政权集中在唯一的委员会手里，那就是由五百人院提名、元老院选举产生的督政官组成的委员会。

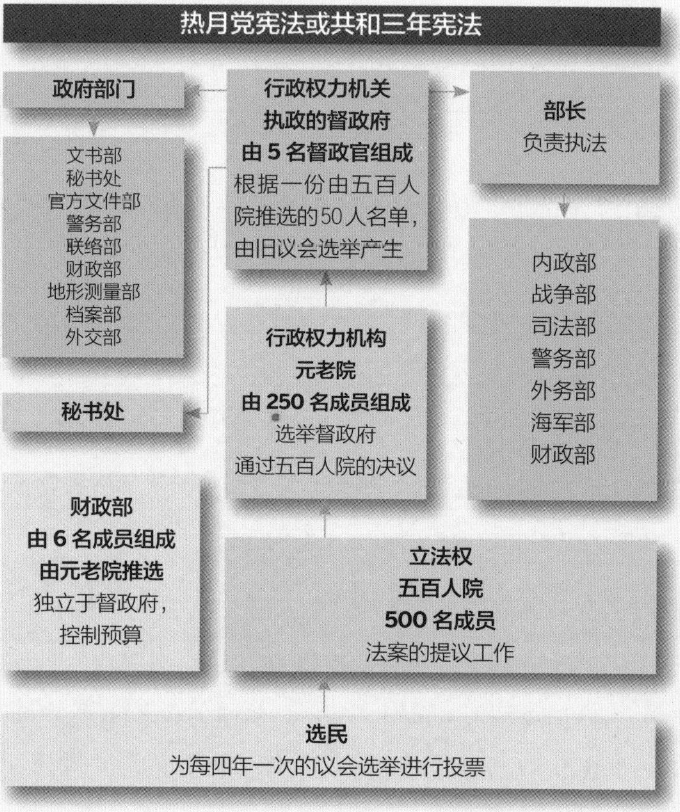

随者，而出风头和追求风流韵事则是他的两大嗜好。督政府的首份宣言定义了新政府“新体制纲领，即向保王党宣战，重新唤起爱国主义情怀，大力推进小宗派，并带来和谐”。

督政府从执政初期开始就不得不施行“跷跷板”政策，时而镇压右翼的保王党，时而压制左翼的雅各宾派。他们很快就遇到了反叛的雅各宾主义的骤然抬头，其代表人物有巴贝夫。这位共和二年的无套裤汉曾为罗伯斯庇尔的倒台欢呼，同时希望取代罗伯斯庇尔的是一个建立在1793年宪法基础上的社会共和国。之后，他在意识形态

五名督政官

从五名督政府成员的着装上看，人们看到他们的穿衣风格又回到了君主时代。但是，这几名督政官不享有国王所拥有的基本特权，即他们不具备法律意义上的不可侵犯性，也不能提交法律议案，只能制定一些规则。

上图 1798年的五名督政官，勒贝尔（Rewbell）、梅林·德杜埃（Merlin de Douai）、拉雷韦利埃（La Révellière）、纳夫沙托（Neufchâteau）和巴拉斯。彩版画，卢西安·邦瓦莱特（Lucien Bonvallet）所作。

巴贝夫（Babeuf）：雅各宾“平等派”奠基人

早在年轻时代，巴贝夫就勤奋刻苦地阅读了最激进的启蒙运动作者的作品，如卢梭（Rousseau）、马布利(Mably)和格拉古(Gracchus)。巴贝夫试图将他们传播的思想理念用行动来具体化，并超越1793年革命者的革命行动，而后他又自认为被革命者的行为所愚弄。他发表的《平等宣言》在19世纪被认为是第一批符合共产主义纲领的表述之一。

巴贝夫的激进思想，源自于他所见的“热月”时期平民阶层更为恶化的生活状况，以及抵抗雅各宾派镇压的反抗行动。在他主编的报纸《人民演说家》中，巴贝夫首先揭露了罗伯斯庇尔政府滥用职权，之后很快又与督政府发生了冲突，结果被督政府关进了监狱。为了向一位著名的罗马共和国护民官表示敬意，他将自己的名字弗朗索瓦·诺埃尔（François Noël）改成了“格拉古”，之后又提出了一个社会模型的设想——整个社会建构在集体农业和制造业的基础上，而把商业排除在外。1795年末，他重获自由后继续参与了大量的地下宣传工作，其中最具成就的就是宣传了西尔万·马雷夏尔起草的《平等宣言》。他还组织了一个秘密基地，其成员最后都被警察逮捕。审判的结果是巴贝夫和另一名被告被判处死刑，另外7名成员被流放，还有56人无罪释放。

插图 巴贝夫肖像，1794年版画，弗朗索瓦·博纳维尔所作，现藏于巴黎国立图书馆。

方面的立场更加坚定。他通过自己主编的日报——《人民演说家》(*Le Tribun du peuple*)，鼓吹回到恐怖统治时期的经济政策；他在《平等宣言》中捍卫土地分配制度。

巴贝夫遭到了警察的追捕，于是他通过先贤祠俱乐部与其他的老雅各宾派取得了联系。这一团体遭到解散后，他和这帮人一起谋划策反。他们成立了一个独立的地下组织散布檄文，出版了名为《平等宣言》的小册子，上面简要介绍了他们的社会主义宗旨，即“不再有土地个人所有权，土地不属于任何人，成果人人共享……”。警察得知了他们的密谋运动，逮捕了245

名谋反者，而巴贝夫就在其中。共和政府对重新陷入无政府状态和“共享派”抬头的趋势有所警觉，当局在格勒纳勒守军内部刚刚出现叛乱的苗头时就加速了对谋反者的审判进程。巴贝夫和达斯（Darthé）由旺多姆高等法院审判并执行死刑，而他的许多同党都被流放到了国外。虽然雅各宾派至此仍未被消灭，但这是该派别一次终极的谋反行动。在巴黎以及其他许多城市，共和二年的革命残党还存在，而政府则竭尽所能地利用这些所谓“新雅各宾派”分子遏制君主制的发展。

保王党人趁虚而入

自热月政变后，保王党的阵营里集结了所有在革命中受到重创的人和遭受过政治迫害或迫害的见证者，他们是：流亡者的亲属，自由职业者——他们被迫恳求政府给他们发放良民证，虔诚的天主教徒，部队军官等。同时，一些流亡者也开始秘密回国。

在巴黎，名为“骑士团之友”的秘密联络网建立起来，后于1797年被政府解散。那些被人揭发的和现行犯罪的头目们，均被战争理事会以雇佣犯罪判刑。由于情势意外扭转，被告方律师的辩护词诉讼情况记录出现了问题，于是被告方提出法院无管辖权，最后军事法官只得判处罪犯监禁。

然而，整个阵营中各类派别林立。一方面，它包含了拥护君主立宪制者、王党派的继承者和愿意施行内部体制改革者，还有为数不多的几位温和革命党人如督政府领导人卡诺和皮什格鲁（Pichegru）将军也加入到该阵营。另一方面，极端保皇派追随了国王的弟弟——普罗旺斯伯爵并号称“路易十八”，他们另起了炉灶。在1795年6月发表的一份宣言中，制定了重回旧制度的目标，并提出要抹平大革命的所有痕迹。宣言指出：“应该重建政府——它象征着法国长达14个世纪的辉煌历史，也是法国人的人心所向。”这些保王党人的不屈不挠，很大程度上阻碍了温和保王派们的行动，使他们的愿望无法实现。

虽然历经了体制内的各种阻挠手段，但保王党人在1797年的选举中仍收获颇丰。在248位新议员（即三分之一，每年改选）中，有170名是君主主义者。接下来的几个星期里，他们主持了五百人院和元老院的工作，要求废除有关镇压流亡者和拒绝宣誓教士的紧急情况法。

在共和主义者看来，这些要求是通过合法手段向君主制迈进的第一步。督政府由强硬派共和主义者勒贝尔和巴拉斯统领，他们召集军队做出了反应。洛克（Hoche）和拿破仑以挫败英国君主主义者的阴谋为借口，将比利时和意大利的军队调集到了巴黎，趁机占领了议会并逮捕了最为著名的保王党议员。

53 个省的选举遭到了破坏，有 177 名议员被除名。这场果月 18 日发生的政变，导致国会的反对派在未经审判的情况下，就直接被流放到了圭亚那。共和国虽然保住了，却是以发动政变和动用武力为代价换来的。尽管如此，首届督政府、立宪制共和国仅在诞生两年后就夭折了。它给后来的第二届督政府留下了一个政治、宗教和财政危机的烂摊子，而它原本承诺要借助法律途径来结束这场大革命最终也未能兑现。

第二届督政府从执政早期就旗帜鲜明地要求重回革命正统，包括回归恐怖时期，人称“督政府恐怖时期”。这届政府针对流亡者和不宣誓教士施行极端严酷的法律，在巴黎 150 人被处以死刑，另一些人则上了“不流血的断头台”，即送进了圭亚那和马达加斯加岛的监狱，而在那里恶劣的气候条件下囚犯们几乎无一幸存。1797 年 11 月颁布的法律将贵族们的身份降至与平民同等级别。在法国西部和比利时，几百名教士被流放。此时，反革命的农民阶层——西部的朱安党人和旺代人，还有尼斯伯爵领地上的“长卷毛”等也都苏醒了，一切都在人们的意料当中。同时，阿尔萨斯和弗朗什–孔泰地区也开始躁动起来。

时隔一年，历史重演，只是换了主角而已。这一次，政府虽在初级议会的投票中略施了手腕，但人数众多的新雅各宾派议员仍是一个危险的存在。48 个省再次取消了选举，100 多名众议员被驱逐。儒尔当（Jourdan）属于少数几个始终忠诚于共和二年精神的将领，他反对说：“人民代表们不再享有自由和安全了，用这种形式排除相当一部分‘疑似’危险分子的人，接下来我们可能会驱逐那些对政府充满热忱的人。”在这次俗称“共和六年花月 22 日政变”（1798 年 5 月 11 日）的事件中，

农民：信奉上帝，拥护教会

“朱安党人”这一称呼来自于鲁瓦地区的一位农民——让·朱安的绰号，他在1793年领导了反对共和制起义。这股反抗力量在血腥的勒芒战役中遭到了大屠杀。和旺代人一样，朱安党人反对革命的宗旨，认为那有悖于他们最根深蒂固的传统，他们以国王和他们所在地区的名义而战。旺代叛乱失败之后，他们仍保存着抵制革命的火种，直到拿破仑当政。

上图 朱安党人准备上战场前在十字架前祈祷，罗伯特·勒弗尔（Robert Lefèvre）画作局部，现藏于肖莱旺代战争博物馆。

一名拥护督政府的议员扬言要“诉诸武力”，隐晦地威胁了那些争取要在某些省份取消选举的人。至此，军队已多次挽救了共和制。

救世主将军

此时，法国军队的威望已逾巅峰。自热月政变以来，它不仅牢牢死守了国家边防线，而且还确保了解放运动在欧洲其他地区继续坚持不懈地向前推进。1794 年，比利时“解放”一年后，皮什格鲁将军的武装力量进驻荷兰，法国于此成立了巴达维亚共和国。1796 年，法国占领萨瓦地区，然后进一步扩大到整个意大利北部地区。1797 年，奥地利签署了《坎波福尔米奥和约》，向法国割让了一块其觊觎多时的地区——美因茨。次年，法军攻占了瑞士和罗马。一段时间里，人们甚至相信共和国政府将会颁布废止教皇的法令。

从此，法兰西共和国在欧洲占据了统治地位。与此同时，军队也经历了一次深刻变革，体现在军队组织结构和精神面貌两个方面。士兵们内心植入了成为第一批志愿者的思想，他们把自己看作职业军人，赤胆忠心地效忠于他们的上级。督政府每一次危机都让它的幕僚们坚定了信念，坚信政体的命运都掌握在他们的手里。一些将领甚至幻想仿效拉法耶特（La Fayette）和杜穆里埃（Dumouriez）投身的事业——迫使共和国接受武力法则，而真正让这一理想成为现实的却是拿破仑·波拿巴。

拿破仑出生于科西嘉岛的一个贵族家庭，时间正好是法国在该岛建立统治的第二年。他在法国完成了学业，并沉迷于阅读哲学著作，如卢梭（Rousseau）和雷纳尔（Raynal）的作品，以及军事科学方面的书籍。当大革命爆发时，他迅速接受了雅各宾派思想，并声称自己是共和制的拥护者。返回科西嘉后，拿破仑一直捍卫着革命事业，直至 1793 年被温和派支持者保利（Paoli）驱逐出境。最终，他回到了法国，并在热月政变爆发之时因拥护罗伯斯庇尔而被监禁了九天。

由于拿破仑的这段激进的经历，人们对他产生了某种不信任感，在一定时期内他的职业生涯发展也受到了限制。但他在 1795 年葡月危机期间实施的干预行动——

用大炮保卫了国民公会并打击了保王党，为他赢得了占主导地位的新政治阶级的支持。几个月以后，督政官巴拉斯任命他为远征意大利方面军总司令。

其实，意大利边境线较莱茵河边境线的战略意义远没有那么重大。然而，儒尔当和莫罗（Moreau）两位将领在德国战役中失利，而拿破仑却因为赢得了北意大利之战而声名鹊起。洛迪、阿尔科勒和里沃利几场大捷，都给他的形象罩上了光环。从那以后，他几乎独立于督政府的管辖之外，以手握无上权力的姿态示人。他拥有部队对他的绝对忠诚，可以心无旁骛地在战略部署方面大施拳脚，并成为能面对面与奥地利皇帝和教皇交涉的人。他先后设立了几个共和国而后又将它们废止：1796 年 10 月建立了奇斯帕达纳共和国和坦斯帕达纳共和国，最后并入了内高卢共和国；1797 年 6 月建立了利古里安共和国；1798 年 2 月建立了罗马共和国……

拿破仑在蒙特贝洛堡里坐拥一座奢华的院子，人们时常在这里借庆祝大革命和共和国取得的胜利之名举办盛宴，实际上是为给他个人歌功颂德。他凭借一套运转良好的宣传体系，向全法国报道有关他的丰功伟绩，同时还适当渲染。面对体制接二连三遭受的危机，拿破仑把自己设想为祖国的救世主。1797 年，他用他那特有的语言风格向士卒们宣告：“假如群山阻隔了我们和我们的祖国，

拿破仑的军事生涯平步青云

1769年

科西嘉岛 在科西嘉岛刚并入法国后不久，拿破仑·波拿巴就在阿雅克修出生了。

1793年

首战告捷 他作为炮兵上尉，在共和派发起的收服土伦的战役中起到了主导作用。

1796年

意大利之战 他带领法国军队侵袭了意大利北部，并取得了阿尔科勒和洛迪两场战役的胜利。

1797年

外交 他与奥地利议和，并签订了《坎波福尔米奥和约》。法国获得了莱茵兰、比利时和米兰公国的领土。

1798年

远征埃及 他从地中海出发，征服了开罗。但是，入侵巴勒斯坦的行动则以失败告终。

1799年

政治行动 10月，他回到法国后立刻领导了推翻督政府的策反行动。

意大利战役和将军波拿巴

1796年的法兰西共和国，不乏军事经验丰富的将军。但此时一位27岁的年轻人在意大利战场上指挥军事行动，而他麾下的却是马塞纳（Masséna）、塞鲁烈（Sérurier）、拉哈普（Laharpe）和奥热罗（Augereau）。他捷报频传，加上他技高一筹的“广告宣传”，大大振奋了法国人的士气，同时也成了他个人发迹的跳板。

上图 《拿破仑·波拿巴》，巴克勒·阿尔贝（Bacler d'Albe）所作，现藏于吕埃-马尔梅松马尔梅松城堡国立博物馆。

如情势所迫，那么你们要用鹰的速度跨越这些山脉，去维护宪法，捍卫自由，保护宪政和共和主义者。”

1798年，当他察觉到通往权力的道路已经受阻，他接受了督政府的建议，开始投身于征服埃及的行动中去。这场行动实际就是法兰西共和国与大不列颠帝国之间的争斗。该行动计划包括借道苏伊士占领印度，向被英国人围困的迈索尔苏丹王实施救援。对于督政府来讲，

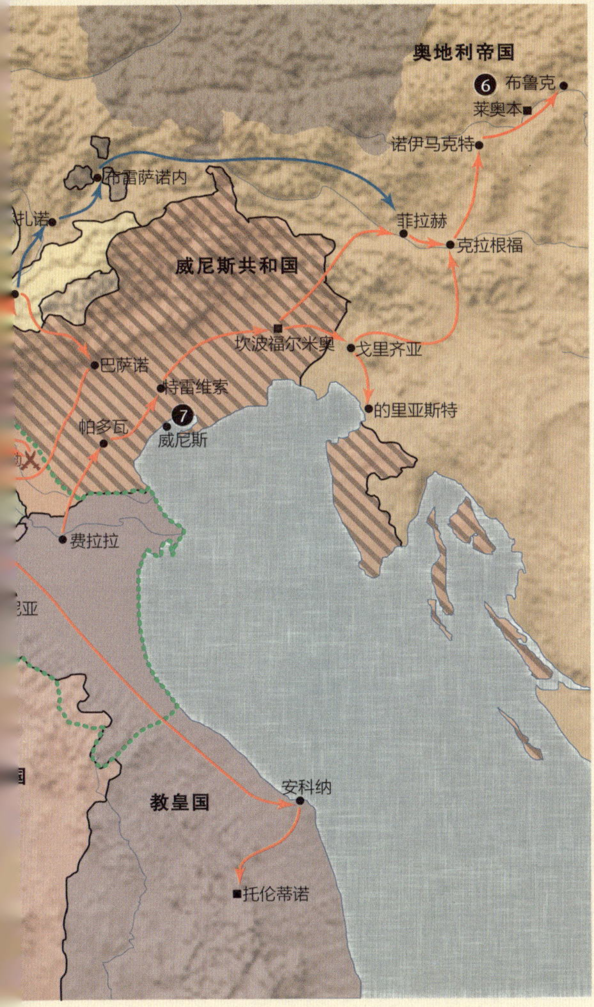

① **拿破仑在尼斯** 从 1796 年 3 月末开始，他组建了一支军队，并在征服意大利北部行动中向士卒们许诺将瓜分未来的战利品，以此振奋人心、鼓舞士气。

② **侵略** 1796年4月，法兰西军队三次打败了皮埃蒙特军。最后一场蒙多比之战取得了决定性胜利，皮埃蒙特签署了《凯拉斯科停战协议》。

③ **洛迪(Lodi)之战** 拿破仑继续向波河长驱直入，与奥地利军队进行了会战。经过艰苦卓绝的浴血奋战，最后夺取了洛迪桥胜利（5月10日），而这场战役确立了他在伦巴第的统治地位。

④ **阿尔科勒（Arcole）战役** 在曼托瓦附近进行的战役，发生在1796年8月至1797年2月间。由总司令阿尔文齐（Alvinczy）率领的奥军，被迫退回到阿尔科勒（11月14—17日）。

⑤ **里沃利(Rivoli)会战** 尽管拿破仑的部队已精疲力竭，但它仍于1797年1月14日在里沃利会战中击败了奥军。几天以后，曼托瓦市被法军占领。

⑥ **停战** 拿破仑乘势攻取了曼托瓦，继续向奥地利挺进。奥地利不得不在位于维也纳公路线上的莱奥本与其签署了停战协议（1797年4月18日）。

⑦ **威尼斯** 拿破仑以维罗纳发生反法暴乱事件为借口，废除了威尼斯共和国（1797年5月）。后又通过签订《坎波福尔米奥和约》，将威尼斯割让给了奥地利。

远征埃及也是放逐这位狼子野心的将领，让他远离法国权力中心的一次绝好机会。拿破仑轻而易举地夺取了金字塔之战的胜利并凯旋开罗，但其后又经历了一系列的挫败——阿布基尔战舰被摧毁；出征叙利亚以悲剧收场；受到阿克城墙的阻断。之后，他的地位开始有所下降。但是，在阿布基尔的另一场战役中，拿破仑却击败了土耳其近卫军 。他认为这场胜利足以恢复他在人们心目中的形象，于是选择此时

埃及之战：探索东方

埃及之战是拿破仑最富有浪漫传奇色彩的战役之一，从现代观点来看也属于最难诠释的一类。这次远征，他有其个人目的，即自我宣传、树立形象——这是不可否认的事实，也是常常被人提及的一点——在这个新军事舞台上，拿破仑在他的同胞们面前声威大震。同时，远征也具有一定的战略目的，而这一点没能逃过英国人的眼睛。在去往埃及的路上，围剿拿破仑的英国海军上将纳尔逊（Nelson）曾写道：“如果说他给我们留下了西西里岛，我相信那是因为他有意夺取亚历山大，并向印度派遣部队。这项计划绝不是那么不可思议的，就像我们当初猜想的那样。”拿破仑的目的是穿越苏伊士地峡，到印度的土地上去打击英国。但是，驱使他完成这场伟大征程的还有另外一部分原因，那就是他对现代东方魅力的向往，而年轻的拿破仑已然完全接受了这样一种东方时尚。他的随行人员中还有 167 名科学家（包括数学家、化学家、天文学家、地理学家和考古学家等），负责对埃及进行彻彻底底的研究，包括对它的古代史和近代史、风俗和建筑。

插图 右图，《金字塔战役》，弗朗索瓦·华托（François Watteau，1758—1823）所作，现藏于瓦朗谢讷美术博物馆。下图，《吉萨狮身人面像》，选自威万·德农（Vivian Denon）的作品。

埃及之战

1798 年 5 月
出发 在土伦，拿破仑·波拿巴率领的一支由 200 艘船和 40 万人组成的舰队起锚了。此行的目的是征服埃及，同时削弱大英帝国的势力。

1798 年 7 月
攻克开罗 拿破仑在亚历山大登陆。在攻打贝伊穆拉德（Mourad）率领的马穆鲁克军队的金字塔战役中，他旗开得胜。这场战役为他铺就了通往开罗的道路，他将成为那里的主宰。

1798 年 8 月
阿布基尔（Aboukir）战役 英国海军上将纳尔逊攻打了法国停泊在阿布基尔湾的舰队，拿破仑因此被困埃及。

发掘文明

一部无比珍贵的、名为《埃及志》的著作集中收录了法国科学家在埃及的研究成果，该书于1809年至1828年间共出版了20卷。其中，介绍有关埃及法老考古学的章节，为埃及学的科学发展做出了贡献。这个时期，罗塞塔石碑被发现，也使得商博良（Champollion）破译了古埃及的象形文字。

“我为埃及狂”

埃及装饰风格的餐桌用品，塞夫勒产的瓷器（现藏于伦敦维多利亚和阿尔伯特博物馆）。这种风格盛行于拿破仑时代的装饰艺术界。

1799年2月

巴勒斯坦 在拿破仑的率领下，法军进攻了巴勒斯坦的奥斯曼军队，雅法被占领。但在阿克，法军却遭遇了挫败，最后不得不返回。

1799年8月

归来 虽然拿破仑在阿布基尔又一次成功地战胜了奥斯曼军队，但最后他决定回到法国推翻督政府并夺取政权。

1801年8月

撤退 梅努（Menou）将军接替了遇刺身亡的克莱贝尔（Kléber），与英国人签订了从亚历山大撤退的协定。至此，法国在埃及的统治画上了句号。

富歇（Fouché）：陷入督政府和帝国的泥潭

与法国大革命历史上众多熠熠生辉的人物相比，富歇留在人们记忆里的却是他作为阴谋家、间谍和投机者的形象。在风雨飘摇中，他成功跨越了三个“朝代”（第一共和国时期、拿破仑帝国时代和波旁王朝复辟时期），并在警务部长这个位置上始终屹立不倒。

作为山岳派成员、无神论的捍卫者和1793年共和国恐怖时期南特肃清行动的参与者，富歇在督政府时期经历了一段长时间的冷遇，可他也曾是热月政变时反对罗伯斯庇尔的积极分子之一。1799年，巴拉斯为他疏通了道路，让他当上了警务部长。在短短几个月的时间里，这位来自大西洋岸卢瓦尔省的一名海军军官的儿子就搭建成了一张间谍网，搜罗了足够的情报，让自己变成了不可或缺之人。雾月18日政变之际，他仅在局面出现明朗即拿破仑胜出时才宣称自己是拿破仑的支持者。从那以后，他在维护巴黎治安方面扮演着决定性的角色。可即便如此，不管是作为第一执政官还是后来成为皇帝的那个人（指拿破仑）却从来不喜欢他的个性，并把他称作“可怜人”。1802年，富歇被免职以后，拿破仑明白他的帝国无论在治理内忧还是在应对外患方面都离不开富歇所掌控的情报网，于是在1804年将富歇官复原职了。之后，在1810年，拿破仑怀疑他投诚了俄国人和英国人，于是再次将他罢免，而这次是终极决定。

插图 富歇肖像，当时的版画。

返回法国。他绝尘而去，抛下了他的将士们，置他们的安危于不顾，而此时他的部队正面临着英国人的封锁和奥斯曼人的骚扰。

雾月政变

1799年10月，拿破仑登陆弗雷瑞斯。如果说埃及之战对拿破仑来讲远称不上大获全胜，更何况还有英国人在一旁很“热心地”给法国人做大肆宣传——宣传他们在远征路上遭遇的挫败，以及几个不那么体面的小插曲，如屠杀了关押在雅法的3000名土耳其囚徒——那么有一件在拿破仑身上从来不缺的东西，也是制胜法宝，就是他敏锐的洞察力和把握机遇的本事。几个月以来，政治危机愈演愈烈。新选举使新雅各宾派的地位得到了加强，各俱乐部也在进行内部重组。公共安全委员会的一名元老兰代（Lindet）甚至为“黑桃的复活”举杯庆祝。国内局势堪比共和二年的时候，而前线的情况亦如此：刚刚组建的第二次反法同盟军连连挫败法军，让他们不得不撤回到意大利和萨瓦尔。在西部、东部和地中海地区，为抵制新雅各宾派的恐吓与胁迫而进行的反革命活动重新活跃起来，如《人质法》授予了省政府权力——逮捕流亡者家属，并放逐因拥护旧政体而处死的人的四名亲属。9 月，儒尔当将军效仿丹东的做法，建议宣布国家进入“危险状态”。

面对新的革命斗争升级，温和派煽动了无政府主义的威胁。富歇下令关闭了雅各宾俱乐部，而就在几个月前接替勒贝尔当选为督政官的西哀士则发布了修改宪法的政令。

西哀士想要一个强化纳税的体制，使权力依旧攥在“社会精英”即愿意维护社会法制的贵族知识分子精英的手里。根据新宪法，如此这般的社会改造，需要耗费九年的时间才能实现。为了加速这项进程，西哀士明确地说他需要“一把剑”（听取了一位将军的意见）才能让他的计划实现。于是，他想到了一位年轻的将领儒贝尔（Joubert），此人在生前最后几个月里赢得了不少胜利，但最后在 1799 年 8 月 15 日的一场战役中阵亡了。两个月后，拿破仑踏上了法兰西的土地。

西哀士和拿破仑共同策划了一场政变，这场政变的结果导致了督政府改革，同时也给这场大革命画上了句号。雾月 18 日和 19 日，督政府五位成员被迫辞职，两院在圣克卢召开会议时被军队包围不得不解散。然而，当拿破仑进入会场告知众议员们税收议案的时候，这些愤怒的议员表现出前所未有的勇气向他喝倒彩，让他内心十分彷徨。不过，这一天的议会正好由他的弟弟吕西安主持，于是他召集军队占领了议会大厦将局面控制住了。

一部分众议员负责成立“临时执政府”，该执政府由拿破仑、西哀士和迪科（Ducos）等几名成员组成。理论上，这三名成员的地位是平等的，但毋庸置疑实际上拿破仑才是他们中间的主心骨。三天后，拿破仑昭示天下道：“法兰西要的是庞大而持久的东西。但是现在动荡的局势弄丢了它……法兰西不想要王权，而是需要……她希望代表国家意志的是安分的保守派，而不是制造骚乱的革新者。她希望终将收获十年来的牺牲换来的胜利果实。”

雾月 19 日政变

这一天，实际上是拿破仑发动的一次政变。他到达圣克卢，想说服五百人院把权力交付给他，但是众议员们把他视为亡命之徒，准备将他驱逐出去。该画作由弗朗索瓦·布乔特（François Bouchot，1800—1842）所作，现藏于凡尔赛宫国立博物馆。

平定法兰西

这场政变以后，西哀士迫不及待地发起了宪法改革，而与他同一战线的温和自由主义者也认为宪法的制定将结束这场大革命，并建立起稳定政体的基石。起草新宪法法律条文和制定新法规的任务，交由两院议员所组成的委员会完成。为了尽量避免其中某院独裁——如同 1789 年以后的情况那样糟糕，立法权被分散到了三个议会，即最高行政法院（29 名成员）负责起草法律议案，法案评议委员会（100 名成员）的职责是对法律议案进行讨论，立法会（300 名成员）负责投票表决和通过议案，而保守派的上议院（由 60 名成员组成，后增至 80 名）负责确保立宪法院的职能。普选这种方式被保留了下来，但按不同等级分别组织，为的是限制某一显赫阶层的投票数。

但是，最重要的变化不是体现在这套复杂的政体上——它的形成借鉴了以往的革命经验和教训，也不是体现在借以掩盖其他目的这一出发点上，而是在于执政权的地位这一核心问题。拿破仑以精明老练的方式对立宪实施了干预，让他得以实现他的“远大抱负”。然而，当西哀士提议形成一个由三位执政官共同执政的集体政府时，拿破仑却把多努（Daunou）的议案发扬光大，最后让这一权力集中掌握在第一执政官一人的手中。至于另外两位——康巴塞雷斯（Cambacérès）和勒布伦（Lebrun）：前者是前革命主义者，后者是温和派保王党人，他们两人都性情随和，最后双双被降职成为顾问。

显然，新政体是建立在拿破仑享有的特殊威信这一基础上的。但是，尽管如此，我们也有理由认为它的合法性是临时的，因为执政官的任期为十年。不过，这波“洗牌式”的操作最后受到了全民公决的制裁——高达 66% 的弃权票，以及厚颜无耻的操纵手腕都给投票带来了影响，而这其中最突出的事件就是拿破仑的弟弟吕西安对投票施压。然而，民意经过了十年的暴动和恐怖统治已经被践踏得消亡殆尽，民众普遍支持结束大革命，并积极抵制那些搅乱社会经济和政治秩序的小宗派。拿破仑的出现正好满足了保守派民众的期望，虽然摈弃革命是不可能的，但是将其稳定下来让这一“壮举”成为政体稳定的基石，并废除其他多余的部分——这却是可以实现的。

因此，执政府赞成走中间政治路线，因为这个保守政权优先考虑的是秩序，而该政权仍确立为共和国，并沿用 1789 年后的制度。拿破仑凌驾于所有政党之上，他象征着保守派和革命派之间的联盟，用他的话来概括当时的局势是：“我们已经完成了大革命的传奇篇章，该书写新的历史了。”他采取的一部分象征性行动，印证了他表达的这种态度。例如，每一位行政长官和教会人士都必须发表一份忠诚于宪法的声明，用以取代对君主制仇恨式的宣誓；在 7 月 14 日（胜利攻占巴士底狱日）

从执政府到拿破仑帝国

1800年

马伦哥之战

拿破仑对奥地利军团的作战历经艰辛取得了成功，莫罗在霍亨林登战役中也获得了胜利，这些都促成了法国与奥地利之间签订《吕内维尔和约》。

1801年

和解协议

认可了天主教为大多数人的宗教，但任命教会主教的权力仍属于国家。

1802年

亚眠条约

拿破仑在与奥地利签订了《吕内维尔和约》之后，又与英国签署了全面和平协定。

1802年

终身执政官

由全民公决投票通过的新宪法，确立了拿破仑终身执政官的身份和地位。

1804年3月

拿破仑法典

作为拿破仑亲手成立的委员会的产物——一部新的民法典颁布了。

1804年5月

加冕礼

全民公决通过了新宪法，依据该法拿破仑当上了“法国人的皇帝”。

和9月21日（瓦米尔胜利日）两日举行庆祝活动的传统被保留了下来，但取消了1月21日的弑君纪念日。虽然共和历在一段时间里被正式使用，但是大多数民众对它置若罔闻，最后于1805年废止。

在重建秩序的尝试中，拿破仑寻求与保守派甚至反革命者的阵营保持和谐共处的关系。他最早采取的一系列措施中，包括有不经审理就赦免那些流亡在外的议员和记者，当然这是果月18日政变中有违宪法的做法。被赦免的人中，较典型的有温和派巴尔贝-马尔布瓦（Barbé-Marbois），后来他成为法兰西帝

国财政部长，之后又担任了复辟时期的司法部长。同时，拿破仑还围剿那些激进分子。对第一执政官来说，遭督政府扼杀的新雅各宾派成员始终代表着一股恐怖势力，他把他们看作是闹事的“两三万个巴黎鱼市女贩子，……大城市里愚昧无知、腐化堕落的贱民们”。1800 年 12 月的一天，拿破仑在圣尼凯斯路遭遇暗算，险些丢了性命。因此，他毫不犹豫地谴责新雅各宾派分子是“成天密谋和公开造反的恶棍”，30 名所谓“恐怖分子”被流放到了圭亚那。一个月以后，他才知道这次行刺案件的真凶并不是新雅各宾派分子而是朱安党人，但流放那些人的裁决并没有得到修正。

大革命的积极分子和拥护革命者，忠贞不渝地追随他

新政府机构

这幅画是奥古斯特·古德（Auguste Couder）于 1836 年所绘，描绘了最高行政法院成立时的庆典场景。这个由第一执政官领导的协商机构制定基本法规，如《民法典》。1799 年 12 月 25 日，九名最高行政法院成员在拿破仑和其他两位执政官面前宣誓。现藏于巴黎最高行政法院。

关于自由的理想，帮助分裂派建立一个与过去的旧制度明显决裂的新社会体制。受利益驱使，不少人开始适应“精英领导者”的统治，并加入其中。这其中就有塔列朗（Talleyrand），他于1797年至1799年间任外交部长，并在离任几个月后又恢复官职直到1807年；掌管警察和情报部门的富歇，也留任内政部长职务；其他人则满足于封个名誉上的职位和挂名头衔；军队成了那些对社会心怀不满之人的“收容所”，他们愿为其效劳，或是受了共和思想的影响，或是仍对来自科西嘉岛的这位将军持怀疑态度。1802年，发生了所谓“檄文”或“黄油罐”的谋反事件，因为一些抨击制度的小册子藏在这些容器里而后被发现了。于是，第一执政官下令让几位受到嫌疑的将领如伯纳多特（Bernadotte）和拉纳（Lanne）远离他的地盘。莫罗将军则被牵连进了保王党人策划的一场阴谋中，他于1803年被捕，后又被拿破仑流放到了美国。

自由主义知识分子，又称“理论家”，他们经历了同样的厄运。拿破仑曾公开对他们表示蔑视，说：“他们就是一打或15个可以扔进水里的形而上学者。”他们中的两名主要代表人物是：邦雅曼·贡斯当——政治自由主义的革新者，及其情妇斯塔尔夫人——内克尔（Necker）与风靡欧洲的女小说家的女儿。斯塔尔夫人主持的沙龙成了反对派结社的社团，而按照拿破仑的定义算是反动性质的社团，于是被拿破仑视为异己的她在1803年被逐出了巴黎。但在此前一年，第一执政官曾利用法案评议委员会（商议讨论法律议案的议会）的代表们换届，趁机进行了一次真正的肃清行动。

拿破仑以过于猛烈抨击自己为由驱逐了20多个平民演说家，其中包括邦雅曼·贡斯当，而此人的自由主义思想在长达十多年的时间里遭到了扼杀。

1802年，第一执政官希望从体制层面上扩大他的权力。一次压倒多数的全民公投让他再一次在人民心中取得了非凡的人气，这次公投授予了他“终身第一执政官”的职位，并且他有权自主选择继承者。这种看似民主的恺撒式专政制度为他量身定制了更多的权力，而在他的得力干将、部长富歇的掌控下，警界包括政界的运转都达到了异乎寻常的高效水平。对所有出版刊物进行监督和审查是旧体制政府一直以来未完成的夙愿，如今他却做到了。在刚刚开始审查的几个月里，巴黎出版的报纸数量就由原来的 72 家降至 13 家；到 1811 年只剩下不到 4 家，当然也难逃被审查的命运。夏多布里昂在他的题为《论波拿巴和波旁王室》（*De Buonaparte et des Bourbons*，1814）的小册子中写道：“整个法国变成了一个谎言的帝国：报纸、小册子、演说、散文和诗歌，一切都在掩盖着事实真相……欺骗和保持缄默，是将民众陷入谬论不能自拔的两个最主要的手段。”

与此同时，拿破仑决定与反革命派做最后的诀别。他用了几乎不到两个月的时间就平息了旺代地区的叛乱，并和叛乱的主要首领议和且保证互不进犯；他同意让大革命期间逃亡的贵族回国，却不允许他们收回财产。于是，很大一部分人加入了“未来皇帝”的朝廷，并占据着重要职位。但是，拿破仑对波旁王朝复辟的想法绝不容忍。路易十八在流亡后曾给他写信，暗示想与其结盟并助他登上王位，但拿破仑只是冷冷地用威胁的口吻回复道：“我收到了您的来信，先生……您不用再期盼着回到法国了；您要回国得先踏过十万人的尸体。”

拿破仑还想在督政府的统治下不费多少力气就能治愈好另外一块伤疤，那就是 1791 年制定的《教士公民组织法》带来的教会分裂，以及恐怖统治时期对天主教教徒的迫害。拿破仑了解宗教作为社会控制工具的价值所在，同时他推行的政策激励了人们宗教情感的复活，而这在夏多布里昂的多篇作品中都有体现，尤其是在《基督教真谛》（*Le Génie du Christianisme*，1802）这本书里——描述了他试图与教皇签订和约。虽然罗马教廷视这次谅解的达成为它重获地位、排挤法国天主教这个诞生于大革命时期的教制的一次机遇，但主要的受益者还是第一执政官。他通过“组织条文”（真正的教会法典于 1802 年通过）从主教的任命开始，确保了他对法国教会几乎完全的操控权。教士们甚至需要在做弥撒或举行其他一些仪式时，宣读国家的官方公告，并规劝民众听从执政者。

然而，在拿破仑执政的头几个月里取得的主要成就和最大成功，既不是他与教皇和流亡贵族达成了某些协议，也不是建立了充当他绝对领导权基石的机构体制，甚至更不是那些令他声威大震的战争胜利，而是他为重建秩序和保证国家繁荣发展所进行的巨大努力。早在 1802 年战役开始前，这场完成出色的行动不仅为当代人也为后世人改变了法兰西的国家面貌：省长、公立高中、民法典、荣誉军团甚至法

知识分子与拿破仑：无声的抵抗

1799 年，许多知识分子都欢迎和支持拿破仑掌权。他们认为，他有学问，富于哲思，还是业余小说家，知道如何成为科学的保护者——远征埃及时他随军携带了一支科学家队伍就是很好的体现。他的改革方案，与那些受启蒙思想影响的人们所表达出的愿望和憧憬相契合。

然而，很快地，知识分子显露出对拿破仑政权的不满并产生了分裂，这不仅包括意识形态上的极端派——雅各宾派共和主义者和保王党人，同时还有自由主义者。在采取的一系列措施中（和解协议、帝国宣言、重建奴隶制、弹劾等），这些反对派们对革命进行了倒戈，更有甚者——拿破仑主义的斗士们，自 1808 年以后就一直在警示民众战争将造成毁灭性的后果。面对近些年来设置的警察机构，人们想要言论自由表达批判思想，可不是那么容易的事。人们有时通过间接的方式，隐晦地拿其与暴政时代相比（尼禄 [Néron] 时期和奥斯曼帝国时期）。例如，诗人杜西（Ducis）曾在 1804 年写道："布律蒂斯（Brutus）逃跑了，给我们留下了尼禄。罪恶最终将被加冕。"但是，甚少有人经得起他拿政府特权做交易的诱惑。如果说一些人对他的批判经常是心照不宣的，而某些人则公开表明他们的反帝立场，如夏多布里昂—— 一位自由派的天主教徒，邦雅曼·贡斯当（Benjamin Constant）——法国政治自由主义者的奠基人之一，而更值得一提的是斯塔尔夫人——她可是拿破仑无法收买的、最坚不可摧的"敌对分子"。

邦雅曼·贡斯当（1767—1830） 他在《论征服的精神》（*De l'esprit de conquête*, 1814）中谴责了拿破仑的帝国主义行径之后，又指责他攻占易北河岛的行动，并说："这是最恐怖最可耻的阿提拉（Attila）……"但在"百日王朝"统治时期，他却成了皇帝的支持者。

该肖像画由埃尔居勒·德罗什（Hercule de Roches）所作，现藏于巴黎浪漫生活博物馆。

斯塔尔夫人（1766—1814） 在她的回忆录中，她将拿破仑形容成“非洲来的暴君”，“一个恶魔，干着卑鄙无耻的勾当，找到了阿基米德要撬起地球的支点”，“一个只有在军营里才不矫揉造作的伪君子”。

该肖像画由麦纳（Mignard）所作，现藏于巴黎卡纳瓦莱博物馆。

弗朗索瓦-勒内·夏多布里昂（1768—1848） 在《墓畔回忆录》（*Mémoires d'Outre-tombe*）中，他是这样描述拿破仑的：“他唯一的目的就是要让他个人主宰全球，而且为达目的可以不择手段。”

夏多布里昂在罗马废墟上沉思的油画肖像，吉罗代特（Girodet）所作，现藏于圣马洛历史博物馆。

《法国民法典》对其他欧洲国家法律的影响

拿破仑将自己的征服行为视为一种“解救”，可以帮助那些被专制主义的黑暗所笼罩的或是囿于中世纪迷信思维的人脱离苦海，而实施所谓“解放”政策的工具之一就是《拿破仑法典》(《法国民法典》，简称《民法典》。下图为初版副本)。该法典是法兰西帝国的法律基础，得到了广泛流传，甚至影响力可及阿根廷和日本。

拿破仑在1807年写给其弟热罗姆（Jérôme）的信中表达了自己的文明理想，后者当时被任命为威斯特伐利亚王国的国王（而该王国建立在德国西部普鲁士的领土之上）。拿破仑在信中这样写道：“《拿破仑法典》所带来的好处，程序的公开性，陪审团的建立，将成为君主政体中最具特色的亮点。如果一定要告诉您我的想法，那么我会说比起通过打几场伟大的胜仗来扩大和稳固统治，我更相信《拿破仑法典》带来的影响就能做到这一点……当人们尝到了明智且自由的政府所带来的好处之后，究竟还有谁情愿被专制的普鲁士政府统治？德国、法国、意大利还有西班牙的人民都希望平等，也希望能自由思考。”拿破仑没有提及那些支撑着他在欧洲霸权的且并不是那么令人愉悦的政策：横征暴敛的现象越来越严重，大范围的募兵影响了几乎每个国家的年轻人（在瑞士，25万名男子刚满15岁就被征召入伍）。

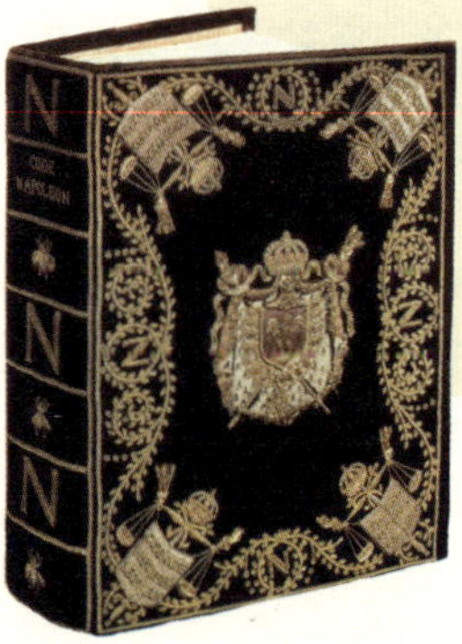

兰西银行，都是由第一执政官领导下的政府创建而成。其中，省长职能于1800年2月创立。在98个省里，每个省的省长执掌最高权力，而这个角色的设置是拿破仑军事思维逻辑的体现。这些穿着制服的、由第一执政官任命的省长们，曾是国家最高权力的直接延续（拿破仑形容他们是“微型版的皇帝”）。45个公立高中——中等教育的公立学校，也曾按照军队模式构建。每所学校有8名教师，他们由第一执政官在部长提交给他的候选人名单中进行选取，他们和行政人员以及学生一样都身着制服。公立高中曾担负着向国家行政和军事机构输送服务者的使命。

至于《民法典》——这是一项继承了大革命衣钵的提案，拿破仑推动了它决定性的前进步伐，并在他亲自监督下完成了该法典的起草工作。他全情投入地参与其中，主持了最高行政法院（承担法律条文的制定机构）超过半数的会议，而且他对讨论的议题都表现得相当熟悉。1804 年出版的《民法典》，综合了大革命时期的成文法的现代原则和旧法的口头传统及习惯法的传统。对于法典精神，用拿破仑的话说就是投掷“几大块花岗岩基石”，如家庭财产安全和家长专制的婚姻权利，最终在社会中以建立和推行公序良俗（或 regime morum，拉丁语，意为道德秩序）。该部法典囊括了两千多条法律条文，主要涵盖了个人权利和家庭权利的范畴。它融入了现代元素，如民事婚姻比宗教婚姻有更高的地位，这一点也是拿破仑个人所极力推崇的。但是，他认可了损害妇女、非婚生子女和年轻人权利的家长式父权制度，剥夺了这些人在大革命中所获得的权利，并要求他们从此绝对服从夫权和父权。

执政府采取的其他措施中，还包含了一项财税改革措施和建立中央银行，以及通过设立地区法院进行司法体系改造，主要负责打击抢劫犯罪。1802 年，恢复了奴隶制；1803 年，路易斯安那州出卖给了美国。

法国人的皇帝

对于拿破仑来说，1800 年这一年最紧迫的任务莫过于对外战争了。在埃及，他抛下了他的部队，让他们在那里自生自灭（克莱贝尔将军仍是他们的首领，在局势无望之时却赢得了胜利，但他最后被一名埃及狂热分子刺杀身亡；他的接班人梅努，之后被迫与英国人举行谈判）。处于奥地利边境的作战前线，第一执政官视其为最大的挑战而被搁置一边，而此前奥军已占领了德国南部和意大利北部地区。

1800 年 5 月，拿破仑成功穿越了阿尔卑斯山地。几天后，他赢得了马伦哥战役的胜利。通过积极活跃的宣传，这位第一执政官最后将手下几员大将（其中尤其重要的一员是德赛 [Dessaix]）的牺牲换来的胜利，全部归为他个人的荣誉。而后，在德国霍亨林登之战中，莫罗将军带领的法军取得了胜利，而以奥地利军队败北收场。通过《吕内维尔和约》，奥地利人承认了法国在意大利的占领区（不包括蒂罗尔和威尼托）。1801 年 10 月，法国与俄国签订了和平协议。1802 年 3 月，法国与英国也缔结了和平条约。《亚眠和约》似乎标志着英法两国之间的关系趋于和平，它不

马伦哥会战

勒热纳（Lejeune）的这幅画描绘了1800年6月14日战斗的关键阶段。左边，拿破仑正下令转守为攻；中部，一支骑兵正在冲锋陷阵，同时德赛将军身负重伤；右边，凯勒曼将军正率领骑兵向奥地利军队的侧翼（后方）冲锋。现藏于凡尔赛宫国家博物馆。

仅为两个世界强国在殖民地利益上相互妥协开通了道路，同样也为拿破仑巩固其在法国本土及欧洲其他国家的地位提供了便利。

拿破仑不仅在战争中取得了胜利，同时伴随他而来的还有一股经济繁荣的大潮。这位“大恩人”得到了几乎所有人的赞美，法国已找到了它的“救世主”，而拿破仑本人是第一个这么认为的。在《圣海伦娜回忆录》中，他展示了人民与他不期而遇的想法：“这位被民众热切期盼的救世主，突然出现在了世人面前，‘国家利益’猜中了他的心思，将他召唤……人民在他经过的时候欢呼雀跃，似乎在说：‘看哪，他来了！’”共和五年的宪法体现了这种被承认与被接纳，因为正是这部宪法让拿破仑当上了终身第一执政官。除了头衔不同以外，其他任何方面都与国王无异。在杜乐丽宫——那里曾是他的官邸，他设立了一套公开仿效君主制的惯例。此外，第一执政官在扩大特权的同时，也吞噬了立法机构的权力——立法机构可由第一执政官任意解散。

野心推动着拿破仑坐上了皇帝的宝座。很多人认为，这个决定是对共和理想的一种背叛。拯救民众脱离旧制度的救星，却走进了头戴王冠的家族行列，这让人们大失所望，犹如贝多芬对此事的反应：当他得知拿破仑加冕的消息后，取消了《第三交响曲》的创作——本来是为献给拿破仑而作的。显而易见，第一执政官的态度不是没有虚荣心的，但他的态度不是单单对君主制的华而不实的迷恋，更是一种经过理性思考的结果。拿破仑完全意识到这个至高权威的头衔所包含的人为本质，他说："什么是王位？——包裹着天鹅绒的四块镶金木头。"但是，他知道拥有一件旧式的合法外衣，能让他加强对法国国内和欧洲其他君主的控制权。

有人针对第一执政官的这项决定而采取威胁行动，也完全在意料当中。事实上，他从执政初期开始，就遭遇了多次的谋反行动。其中，最激烈的一次是在 1800 年 12 月的某个晚上发生的"魔鬼机器"行刺案。当时，他正在去歌剧院的路上，经过圣尼凯斯路时一颗炸弹爆炸了。炸弹被保王党们藏在一辆马车里，事件造成了 22 人死亡，100 人受伤。不过，他此后的镇压行动也没能缓和这种出其不意就谋反的气氛（正如巴尔扎克在他的小说《一桩神秘案件》[*Une Ténébreuse Affaire*] 里所描述的那样）。

富歇传递的情报总是危言耸听，这也解释了为什么拿破仑会对当甘公爵（Duc d'Enghien）做出如此行为。当甘公爵在大革命时期被流放，于 1801 年在位于法德边境的巴登落了脚。我们现在当然知道他对保王党的策反行动是一无所知的，但是当时富歇假装掌握了证据，证明公爵设计和帮助了策划谋反，并企图囚禁第一执政官。于是，拿破仑下令绑架了公爵，强行将他带回到法国。在经过一番仓促的审判后，当甘公爵被带到文森斯堡一处坑道内进行了处决。"我被各种各样的阴谋行动包围了，不要忘了恐怖时期，否则就将走向毁灭。"他为自己的这次镇压行动辩解道。但是，拿破仑在外部领土上的行动，以及他简单粗暴的判决，还是引起了轰动。夏多布里昂一直对拿破仑的"谋杀行为"耿耿于怀，并且在《墓畔

拿破仑加冕

雅克-路易·大卫（Jacques-Louis David）于1807年创作了这幅著名的作品，描绘了拿破仑的加冕仪式。1804年12月2日，在巴黎圣母院举行的盛大仪式上，拿破仑为自己加冕（教皇只是作为一个旁观者坐在一旁），并为他的妻子约瑟芬加冕。现藏于巴黎卢浮宫。

回忆录》中将这一事件标志为共与皇帝的决裂时刻。该事件强化了复辟运动、反对势力的力量。因此，在这一事件之后的1804年3月，拿破仑毫不犹豫地表达了加冕为皇帝的意愿。

上议院负责制定宣布拿破仑为“全法兰西的皇帝”的提案，这样一来就能“圆满地让他的工作和他的荣耀一样不朽”。在这种情形下，新的宪法也得以起草。《共和十二年宪法》（*Constitution de l'an XII*）建构了一个奇怪的混合体，以一种前所未有的方式将共和主义和保皇主义混合在了一起：“皇帝的头衔为全法兰西的皇帝，我们将共和政府交予皇帝。”这样，君主的特权被加强了。

与两年前一样，全民公投的结果还是拿破仑“大获全胜”。因此，拿破仑于 1804 年在巴黎圣母院加冕。为了效仿加洛林帝国的仪式，拿破仑传召了教皇庇护七世（Pie Ⅶ），不过后者在仪式期间所做的仅限于祝福。拿破仑为自己加冕，随后又为其妻子约瑟芬加冕。在仪式接近尾声时，新上任的皇帝为了安抚不安的革命者们，当场宣读了一段长长的誓词，表示会尊重共和国的法律以及自由，并向法国人民保证大革命时期没收的外逃贵族的财产和教会财产一经出售就不会再收回——这番宣言广为流传。与此同时，拿破仑创立了帝国贵族制度。

伟大的征服

在加冕之后，拿破仑便着手开始了那些他最为著名的战役。他在奥斯特利茨征服了奥地利，在耶拿（Iéna）、奥尔施泰特（Auerstedt）和埃劳（Eylau）击溃了普鲁士。

下图 拿破仑的剑柄，现藏于马德里军队博物馆。

拿破仑垮台

这是保罗·德拉罗什（Paul Delaroche）的绘画。1814 年 3 月 31 日盟军入侵巴黎，拿破仑从枫丹白露宫撤离。几天后，他签下了退位诏书（现藏于巴黎军事博物馆）。

插图（右侧） 莫多尼（Moutoni）在 1809 年完成的皇帝陶制人像，现藏于巴黎卢浮宫博物馆。

拿破仑战争

1805 年，在经历了一段短暂的和平时期后，法兰西与其他欧洲君主国（英国的同盟国）之间又恢复了战争。这段战争时期以拿破仑取得奥斯特利茨、耶拿、埃劳和瓦格拉姆各战的胜利为开始，直至俄国入侵法国带来灾难性后果而结束。帝国的迅速衰落，导致盟军入侵巴黎，以及波旁王朝复辟。

1802 年 3 月 25 日签订的《亚眠和约》只是一场“幕间休息”。仅在和约签署的第二年，英法大战再次上演。军队间的敌对状态，加之各派别间猛烈的谩骂攻击与弹劾，赋予了这场冲突一种愈演愈烈的宣传战的外表。在英国人看来，拿破仑只是一个“幸运”将军，他不得不用无休无止的征战这种方式来保住其权力地位。在雅各宾派当政时期英国发起的反法运动中，英国新闻界曾不遗余力地对他个人进行人身攻击。至于第一执政官，他沿袭了大革命时期的反英政策，依旧对这个“小工场主”、寡头统治国家持有偏见，继续抨击英国欲在各殖民地获取霸权地位的野心。

特拉法加战役：海战结束

这幅由奥古斯特·迈耶（Auguste Mayer）于1836年绘制的画作，表现的是1805年10月21日英国炮兵部队残酷地向维尔纳夫率领的法国和西班牙联军舰队的旗舰发动猛攻的情景。维尔纳夫逃过了劫难，但4500名法国和西班牙海军在这次海战中牺牲，450名英国海军阵亡。该画作现藏于巴黎国立海洋博物馆。

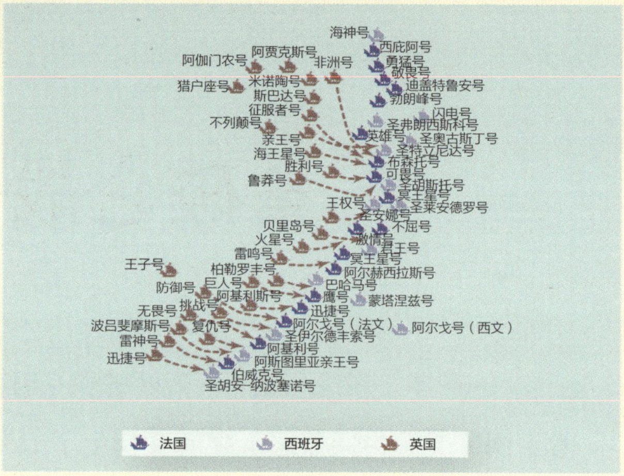

第一代纳尔逊子爵霍雷肖·纳尔逊

在1805年特拉法加海战中丧生的英国上将纳尔逊成了民族英雄，他被葬在伦敦圣保罗大教堂内。1840年，通过社会捐助，人们在特拉法加广场上建造了一尊顶部矗立着英雄雕像的纳尔逊柱（如上图所示）。

1802年签署的和约，未能缓和英法双方之间的这种敌对状态。另外，对峙双方都未能遵守和约的规定，即英国退出马耳他岛和埃及，法国保留它在意大利的统治地位。于是，拿破仑决定进犯英国。1803年6月，他在英吉利海峡沿岸的布洛涅建造营地，集结了地面和海上军事力量。可穿越海峡到对岸比登天还难，这让法军产生了一些奇特的想法，诸如挖海底隧道或用热气球运送部队过海，而这也反映出法军面对英国的海上霸权显得多么无可奈何。

英国拥有一支比法国强大得多的海军舰队，它完全可

以依靠那支120艘装备精良的战舰队伍，还有足智多谋的参谋团指挥的一批经验丰富的海军士兵而取胜。但法国军队只有区区40艘战斗力微弱的战舰，而其中30多艘还是属于法国盟军西班牙的舰只。如果公开在海上挑衅英国人不能胜算的话（拿破仑之前已在和英国海军上将纳尔逊的交锋中尝到了英国人的厉害——1798年的埃及之战，拿破仑的舰队在阿布基尔被他摧毁），那么法国人至少可以用要阴谋诡计的办法分散敌军注意力，打通登陆的道路。1805年，这项任务交给了维尔纳夫（Villeneuve）上将，他需引诱驻守在安的列斯群岛的英军舰队，然后迅速调转方向去往英吉利海峡为布洛涅小舰队作战打头阵。但是，维尔纳夫在快速出征安的列斯群岛后折返回欧洲途中不得不躲避在加的斯，在那里他遭遇了纳尔逊上将的封锁。后来，迫于拿破仑的压力，维尔纳夫不得不再次回到海上与英军展开战斗。1805 年 10 月，法军舰队在特拉法加角被摧毁。这场战斗让英国取得了绝对的海上霸权，拿破仑在日后回忆起这段插曲时说："展开了一场不明智的战斗之后，暴风雨也让我们损失了几条战船。"

重回战争

在特拉法加迎战英国人的同时，拿破仑继续盘算着他称霸欧洲大陆的计划。在另外这条边境线上，拿破仑面对的是奥地利和俄国两大世界强权，而他们的野心和法国大相径庭，尤其表现在对奥斯曼帝国领土的控制上。但是，此时奥地利和俄国的地位正在倾斜。奥地利参与了第二次反法同盟，最后签订了《吕内维尔和约》，并以奥军大范围撤退告终。奥地利政府内部分化成了两个阵营：一边是赞成审慎行事者，如副首相科本茨尔（Cobenzl）；另一边是坚决反法的部长们，他们占了绝大多数。至于俄国沙皇亚历山大一世，他还在观望中。对于此时的拿破仑·波拿巴，一系列的思想激励着他投身到大革命未完成的解放事业中去，他坚信自己是带领人们走入新世界的领路人。他认为，战争"从本质意义和必然性上讲，就是过去与未来之间的斗争，面对我们的敌人、长期顽强战斗的同盟军——他们已置我们于被动抵抗的境地，我们要战斗，否则被打败的就是我们"。战争也带来了它的"好处"，那就是举国上下都动员起来，防止了再次爆发内战。

仅几个月的时间，开战的借口就越来越多了：首先是当甘公爵遭绑架的丑闻事件，然后是拿破仑加冕以及他的皇帝头衔的合法性（维也纳皇帝和圣彼得堡皇帝被认定是唯一两个被授予该头衔的人），还有他翌年加冕为意大利国王，最后发生在 1803 年的德国教会世俗化运动，导致了位于莱茵河左岸的德国领土发生了深刻的地域和政治重组，为法国夺取霸权地位起到了推波助澜的作用。所有这些事件的发生似乎都说明了，拿破仑不满足于从《吕内维尔和约》和《亚眠和约》中获得的领土，而他的目标在于将其势力范围蔓延到整个欧洲。1805 年初，一个新的反法同盟形成了，它集中了英国、瑞典、俄国，以及当年8月加入的奥地利。欧洲大陆的交战之路已经开辟。

奥地利对法国盟友巴伐利亚的进攻，成为双方开战的导火索。俄国人前来进犯已在拿破仑的预料之中，他采取了闪电行动，将驻守布洛涅的大军调拨到了靠近德国的前线。冒着大雨与严寒，拿破仑在漏雨透风的马车里沿着多瑙河向前进发。内伊（Ney）将军迫使奥军撤退转而防守维也纳，拿破仑便借助这一辉煌战果趁机夺取了乌尔姆，而维也纳放弃武力直接缴械投降。11月中旬，拿破仑在熊布朗宫定居下来，而他也是在这里得到了法军在特拉法加惨重败北的消息。但这次失败，对于此时此刻的他来说还算不上一次重大挫折。

几个星期以后，法军与奥军展开了一场决定性的大会战，最后俄国也加入其中。拿破仑施以伎俩吸引俄军参战，他于1805年12月2日在奥斯特利茨吹出了最为响亮的胜利号角。战后签署的《普雷斯堡协定》使奥地利失去了蒂罗尔，并将它割让给了巴伐利亚；又将威尼托划给了法国。在一份秘密文件中，弗朗茨二世被迫放弃了他的“神圣罗马帝国皇帝”头衔。当奥地利被迫退出意大利时，拿破仑任意重组了德国的政治空间。他建立了莱茵联邦，将法兰西帝国羽翼下的巴伐利亚、巴德、符腾堡、黑森-达姆斯塔特和萨克森各公国统统囊括其中。对此，拿破仑颇有微词地回应道：“欧洲只有在唯一的皇帝、唯一的领导者统领下才会有宁日，他将作为国王的官员为他手下的摄政官分配王国的土地。”

拿破仑利用他的家族编织了一张波拿巴王朝的大网，这些“拿破仑的族人们”之间千丝万缕的联系延伸到了整个欧洲大陆。他的弟弟热罗姆，娶了符腾堡国王的女儿，成为莱茵联邦的统治者。他的哥哥约瑟夫，取代波旁家族登上了那不勒斯国王的宝座，而此时波旁家族正在西西里避难。他的另一个兄弟路易，获得了荷兰国王的王位。他的继子欧仁·德博阿尔内（Eugène de Beauharnais），与巴伐利亚国王的女儿结了婚，最终宣布成为意大利王国总督。

拿破仑也帮助他的家族亲属们实现了他们的野心。为此，他乐此不疲地消灭那些旧王朝，巧妙地让附庸国的国君们都对他俯首称臣。

奥斯特利茨：伟大战略家的鼎盛时期

奥斯特利茨战役被认为是拿破仑战略的登峰之作。事实上，如果说在奥斯特利茨有三位皇帝的话，那么他们中间却只有一位是真正的将军。虽然拿破仑的军队在人数上处于劣势，并且补给上的困难使情况变得更加微妙，但他最终彻底打败了奥俄盟军。他的胜利可以解释为三方面的原因：首先，他遣兵神速，从法国到奥地利，再一次显示了“拿破仑大军团”超凡的行动能力。其次，他料敌如神，成功地引诱敌军钻入他精心设计的圈套，让他们相信自己与其实力悬殊，而这也展现了他巧妙的作战策略。因此，俄国人和奥地利人不等普鲁士分遣队前来支援就急于和他交战，而这支队伍本可以发挥决定性作用。最后，拿破仑卓越的战略才能，让他完美地规划了每一处作战细节，确保了灵活高效的用兵。

旺多姆圆柱

为庆祝他在意大利取得的胜利，拿破仑于1800年仿图拉真样式在罗马竖立了一尊石柱（曾经他还想将它运回巴黎）。在建造初期的1806年，他就赢得了奥斯特利茨战役的胜利。之后，该建筑被重新命名为“胜利柱”，而后又以它所在的巴黎人广场命名。该石柱高44米，外表包裹着用敌军的大炮制成的铜块。

① 国旗

年轻的阿尔萨斯人拉普（Rapp）率领的法军与沙俄部队对决，欲占领普拉琴高地，最后他擎着敌人的旗帜凯旋。那时，差不多是下午1点。

② 马穆鲁克骑兵

1798年，拿破仑在埃及征集马穆鲁克骑兵，由此组建了一支骑兵连。1805年，在拉普的带领下，他们在奥斯特利茨战场上表现得骁勇善战，沙俄卫队的骑兵们被打得阵脚大乱最后落荒而逃。

③ 轻骑兵

由拿破仑副官拉普指挥的还有一支轻骑部队的骑兵，他们也在“拿破仑大军团”展开的多场战役中发挥了重要作用。

战斗经过

反法同盟军相信他们在人数上有绝对优势，所以把营地安扎在了奥尔梅斯，奥地利皇帝和俄国沙皇也都坐阵于此。12 月 1 日，他们向前进发一直到达了奥斯特利茨村庄周围。盟军把前线继续向前延伸了 15 公里，到达了一座丘陵侧翼，而他们的下方就是一座座结冰的沼泽。拿破仑从布尔诺赶来，坚信自己会赢得胜利，并感叹道：“他们掉进了自己挖的陷阱里！”

❶ 盟军进攻

黎明时分，奥俄盟军部队进攻开始。他们向拿破仑右翼方向挺进，认为可以削弱他的势力，并切断他在该地区的前锋路线。

❷ 法军发起进攻

俄军意图夺取普拉琴高地。拿破仑利用此机会，对其发动进攻并拿下了该地区，这里正是苏尔特（Soult）元帅的炮兵集结之地。

❸ 普拉琴

战斗在普拉琴郊区持续了一个上午，为首的是拉普和贝西耶尔（Bessières）。他们率领的马穆鲁克骑兵和轻骑兵部队冲锋陷阵，对夺取战斗胜利起到了决定性作用。

❹ 撤退

在南边，俄军边战边退，欲穿过结冰的沼泽。法国人的枪林弹雨让冰面裂开，故军部队因此死伤惨重。

❹ 俘虏

拉普将俄军的最高级别俘虏——雷普宁斯基亲王（Prince Repninski）带回送交拿破仑。200 名年轻的俄军士兵都成了阶下囚，500 多名将士阵亡，其他人则成功逃脱。

❺ 拉普

他是“拿破仑大军团”的总指挥官，军刀悬在臂弯，没戴三角帽，站在拿破仑的面前高声嚷道：“陛下，我们已打倒并粉碎了俄国军队，并俘虏了他们的炮兵部队！”

❻ 拿破仑

皇帝欢呼喝彩道：“轻骑兵们——我的骑兵卫队，刚刚击溃了俄国皇家卫队。他们的上校、旗帜、大炮都被我们缴获。什么也不能抵挡他们英勇无畏的精神。

塔列朗：大革命和拿破仑帝国的劫后余生者

经过大革命风雨并且从拿破仑帝国走过来的人，他们中间几乎无人能像塔列朗这样引起如此巨大的争议。他游刃有余地连续从各个统治时期的“洗礼”中走出来，这让他成为机会主义者和阴谋家的典范。他在超过 40 年的时间里，在法国外交界扮演着极其重要的角色。尽管如此，他和拿破仑的关系总是令人捉摸不透。拿破仑曾对他说，他是“丝袜里的一坨屎”。

驻伦敦大使 大革命时期（1792—1794），塔列朗担任督政府领导下的外务部长职务，之后拿破仑让他连任该职一直到 1807 年。而后他又向保王党靠近，并成功地被路易十八任命为政府领导人，继而又当上了外务部长。但这位还俗的主教声名狼藉的原因不仅在此，还因为他那些“臭名昭著”的风流韵史，寡廉鲜耻地收受贿赂、中饱私囊，以及其他一些财务案件也被卷入其中。夏多布里昂曾尖酸刻薄地将他描绘了一番：“要仔细研究一个生活腐化程度堪比拉法耶特先生的人的生活，我得忍受难以忍受的呕吐和恶心，而拉法耶特先生的灵魂是健康的。带着伤口的人看起来就像妓女的躯壳一样：那些溃烂之处被咬噬得太厉害，以至于不能用于解剖了。”（《墓畔回忆录》，*Mémoires d'Outre Tombe*）。尽管如此，塔列朗还是通过与英国签订和约，努力强化欧洲政治势力均衡的概念。事实上，这也是他与拿破仑决裂的原因。

插图 塔列朗人头像奖牌，现藏于马德里军事博物馆。

在拿破仑的头脑里，他认为其在整个欧洲取得的胜利，就是一种将启蒙思想家们各种理想现实化的行为，而通过颁布《拿破仑法典》（或《民法典》）让理想在附属国的土地上得以实践，或者至少贯彻在这些国家代表们的治国方略中。1807 年，在写给热罗姆·波拿巴的一封信中，拿破仑祝贺该法律规定在西德实施。这个国家依照《拿破仑法典》进行了司法系统改革，建立了陪审团制度和程序公示制度。拿破仑在给他弟弟的信中这样写道：“哪国人民在体验了明君治国，获得了自由权益后，还愿意回到普鲁士的专政时代去？德国人民和法兰西、意大利及西班牙人民一样，都向往平等与思想解放。”拿破仑甚至想象到了创建一个统一的欧洲国家，正如他在 1810 年写给他的部长富歇的信中所表达的：“我愿将草拟的计划完成到底。我们需要的是一部统一的欧洲法典，一个统一的欧洲上诉法院，统一的货币，统一的质量与长度单位，统一的法律；我要让欧洲各国的国民成为同一个国家的国民，让巴黎成为世界之都。好了，公爵先生，这就是唯一让我满意的结果。”

但是，这些思想显然是不切实际的空想，它掩盖了其中的一部分更加现实的、急功近利的目的，尤其是大量征兵和苛捐杂税，以支持战争和斗争（殊死的战斗）——向那些抵制这位新的世界主宰的人开战。根据富歇回忆录记载，拿破仑向他的部长宣布：“欧洲已不再是一个古老的、腐朽的……我将带领我的 80 万人做我想做的事……如果过度的权力让我成为这个世界的独裁者，我又能怎么办呢？”拿破仑隔天又说：“我有 30 万人，他们就是我的年金。”——指他的军队，构成他的首要“财富”的军队。

柏林皇帝

为了顺利执行建立欧洲新秩序的计划，拿破仑不得不与一个拒绝向其低头的国家——普鲁士交锋。普鲁士的反法情绪一直蔓延到了柏林王宫，以王后路易斯为首的好战分子向法兰西宣战的呼声越来越高。王后本人不放过任何一次机会，以用来对这个“在烂泥坑里出生的妖魔”宣泄她的愤恨之情。拿破仑自 1799 年以来正处于权力的巅峰时期，他的合法性一直受到国外王权者的质疑，他们一直把他看成是“篡位者”。

由大多数德意志邦国并入而来的莱茵联邦建立以后，普鲁士在西德的影响力开始下降，而它向汉诺威申请保护也遇到了挫折。在柏林王宫里，贵族们的德国爱国情绪在众多德国民众心中产生了共鸣，他们认为法国对德国地区的统治就是一种外敌入侵。当处决一位纽伦堡书商的事件爆发时，这种情绪就表现得更为明显了——这位书商因印刷了一本反拿破仑的小册子而被治罪——普鲁士士兵们迫不及待地想向法国开战。在柏林，“贵族近卫军的宪兵队在法国大使馆前的石阶上侃侃而谈，随之霍霍磨起了军刀”——法国将军马尔伯（Marbot）于 1806 年夏天到普鲁士首都出差，之后汇报此时的情景时如此说。柏林相信自己的军队——它拥有15万士兵和训练有素的重型骑兵部队，要比拿破仑的军队强大得多。普鲁士军队依旧被“天下无敌”的光环所笼罩着，那是自他们的改革派君主、天才的战略家费德里克大帝（Frédéric le Grand）执政时期就有的光环，而这位大帝的才华就连拿破仑也自叹不如。

1806年10月1日，普鲁士政府给拿破仑下了最后通牒，命其在一周之内将部队从德国撤离。拿破仑却面不改色，现场制订了一项计划——与一年前在奥地利实施的计划高度相似：为了让普鲁士军队尽快在图林根遭遇法军，他利用普鲁士的领导集团内部缺乏协调的弱点，进入萨克森并假装朝柏林进军；在切断他们的退路后，拿破仑于10月14日这天在耶拿附近发起了会战。其实，这场战役具有双重的目的。在耶拿，拿破仑亲自上阵指挥法军，普鲁士军队寡不敌众，被突如其来的法军吓破了胆，最后被一举歼灭。但真正的溃败发生在奥尔斯泰特——位于耶拿北部十几公里的地方，达武（Davout）的部队在那里以寡击众，打得老将布伦瑞克（Brunswick）率领的部队溃不成军，直到全军覆没。这场会战让普鲁士损失了4.5万名士兵，以及整个炮兵部队。拿破仑在《大军团公报》中曾满意地宣称说：“这场漂亮的大胜仗打完之后，就只剩下残兵败将和乱作一团的局面了。”

1806年10月27日，拿破仑潜入柏林。随即，贝纳多特（Bernadotte）在吕贝克与普鲁士将军布吕歇尔（Blücher）的对决中夺取了胜利。可是，一部分人如塔列朗建议拿破仑行事要有分寸，主张他与普鲁士王朝议和，而此时普鲁士王室家族正逃亡在东普鲁士地区。但是，拿破仑仍陶醉在胜利的喜悦中，并在柏林发出第一批谕令欲对英国施行贸易封锁。不久，他就开始在华沙与俄国人就波兰的未来进行谈判。此时，俄国势力已渗入到了波兰普鲁士地区，而不少波兰人相信拿破仑——这位人民救星实施干预，将会让他们的国家恢复独立与完整。1772年至1795年间，波兰的土地已被俄国、奥地利和普鲁士占领并瓜分。年轻的玛丽·瓦卢夫斯卡（Marie Walewska）——拿破仑曾与其保持了三年的情人关系，似乎可以以这种方式对他产生一定影响。不过，拿破仑为审慎起见，吸收志愿军成立了波兰志愿团，但对他们发出如下通告：“一旦你们成为一个有40万人的部队时，你们就可以称之为国家了；而那时你们将有权受到我的一切保护。”他组建了由波

兰贵族组成的临时政府，并召集了三个军团的兵力，每个军团由9000名士兵组成。几个月以后，他建立了华沙大公国，萨克森的费德里克-奥古斯特（Frédéric-Auguste）成为该国的统治者，但是他的一举一动都受到法国警探的密切监视。

普鲁士投降

拿破仑继续攻打普鲁士。普鲁士国王费德里克-纪约姆（Frédéric-Guillaume）和他的朝廷都在柯尼斯堡寻求庇护，有人说曾目睹了“年轻而不幸的王后路易斯，双眼哭得红肿，正带着她的孩子们在这座小城里坑坑洼洼且满是泥泞的道路上行

拿破仑在柏林

拿破仑自1806年10月14日在耶拿和奥尔斯泰特双获大捷战胜普鲁士军队之后，就入侵了普鲁士的心脏，并迅速占领了马格德堡和斯潘道。到达波茨坦以后，他在费德里克二世——他所仰慕的皇帝——的王宫里进行了阅兵仪式。10月27日，他从勃兰登堡大门以胜利者的姿态进入柏林。这幅查尔斯·梅尼埃（Charles Meynier，1768—1832）的绘画，描绘的就是当时的场景。该作品绘制于1810年，现藏于凡尔赛宫国立博物馆。

拿破仑大军团——拿破仑征战的工具

象征拿破仑帝国的拿破仑大军团，从 1804 年开始招募士兵。严格来讲，它只代表了拿破仑军队的一部分，即拿破仑亲自率领的那支军队。1809 年西班牙战役结束后，一名事件的参与者曾证实道：“拿破仑只有一支军队，那就是拿破仑大军团。”

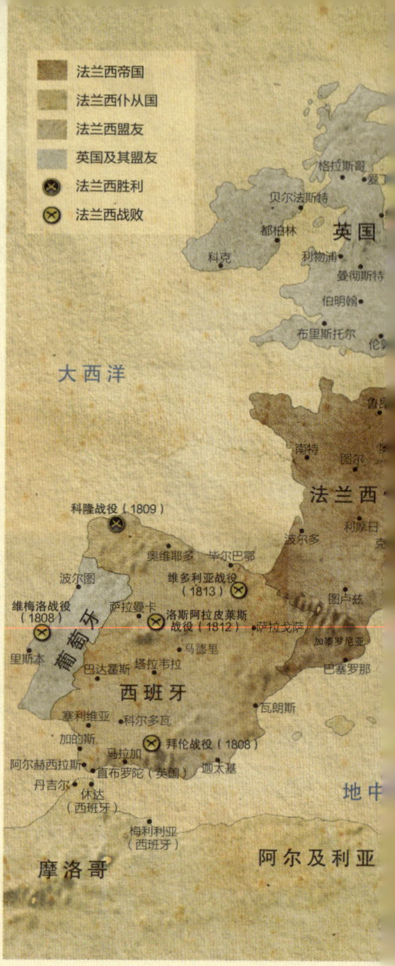

至此，拿破仑军队达到了空前规模。据估计，1805 年军队人数已拥有 60 万人，到 1809 年军队人数达到了 80 万人，而到了 1812 年俄国战争前夕时军队人数已经达到了 100 万人。1813 年，军队又集结了 50 万名士兵，但是一年后就锐减了一半之多。拿破仑军队以法籍士兵为主，此后又融入了其他附属国的士兵，如弗拉芒、莱茵和荷兰地区的。到 1809 年左右，外籍军团士兵数量大概占军队人员总数的三分之一。另外，还有三分之一来自联合部队，他们是瑞士人、意大利人、波兰人和巴伐利亚人。尽管如此，拿破仑却更信任他的法籍将士，从他 1807 年写给他哥哥约瑟夫的一封信的内容可见一斑，信中写道：“那些外国人是无法取代他们的（法籍将士）。”拿破仑还更新了一些记录，其中他记录下了在战场上表现英勇的士兵的名字，为的是当他某天检阅部队的时候可以叫出他们的名字——这是他一贯的做法。他最喜爱的是他的近卫队老兵，他们构成了拿破仑大军团的元老卫队，因为他们随他征战了意大利或埃及。

插图 《拿破仑神话》，让-奥古斯特-多米尼克·英格雷斯（Jean-Auguste-Dominique Ingres）1859 年所作，玉石浮雕草图，现藏于伦敦大英博物馆。

走”。为了除掉普鲁士这座最后的堡垒，拿破仑在东普鲁士北部地区发动了其战争生涯中最血腥的一次战役，即 1807 年 2 月 7 日至 8 日爆发的埃劳战役。因受暴风雪的影响，战斗在一片混沌中进行。缪拉的“八十中队”发起突击，法军占据优势，敌军溃散，而后法军并未乘胜追击。此次战役，双方各有 2 万 ~ 2.5 万人伤亡，即占双方各自人员编制的三分之一。国民自卫军步兵二中尉让-巴普蒂斯特·巴拉斯（Jean-Baptiste Barrès）描绘了当时战

1812 年的拿破仑大军团

拿破仑建立了一套集权军事体系，该体系由一个规模不断扩大的官僚机构领导。

步兵 步兵分成线列步兵（掷弹兵）和轻步兵（包括散兵、火枪步兵和猎兵）两大类。

炮兵 18 世纪末，法国炮兵部队在欧洲已是最先进的。拿破仑时期，炮兵队伍更为强大。1805 年，它拥有接近 2.2 万门火炮的火力。

骑兵 骑兵由战斗团（分为铁甲骑兵和火枪骑兵）、线列骑兵（龙骑兵）和轻骑兵（分为骠骑兵、猎骑兵、侧翼骑兵和枪骑兵）组成。

皇家卫队 这支精英部队只为拿破仑个人服务，受他直接领导，也是整个军队的核心。它的人数从 1804 年的 1 万人增长到 1812 年的 5.6 万人。

老兵 他们有 1 万人之多，在军中服役的时间已超过了 24 年，尤其在训练新兵方面起着至关重要的作用。

炮兵辎重队 有超过 30 个营的士兵划归到部队的炮兵辎重队，其中有 20 个营负责炮弹运输，另外 10 多个营负责运送食物补给。

场上的情形：“到处是大片大片的血迹，浸染了白雪……一眼望去全是尸体，地上到处可见爬行中的不幸的人，只听见他们撕心裂肺的叫声。”（《拿破仑大军团一名军官的回忆》，*Souvenirs d'un officier de la Grande Armée*）

拿破仑在芬克斯坦扎营，在这里他又下了新的征兵令。此时，拿破仑大军团人员编制总数达到了 40 万人。5 月末，法国人接管了丹齐格。6 月 10 日，俄国上将贝尼格森（Bennigsen）在弗里

拿破仑大军团的伟大战役

1805年12月2日

奥斯特利茨战役 拿破仑带领7.5万人战胜了由9万名士兵组成的奥地利和俄国联军。

1806年10月14日

耶拿和奥尔斯泰特之战 法军击败了两支普鲁士军队，对方分别有4.4万人和5.6万人。

1807年1月8日

埃劳之战 拿破仑的6万大军在东普鲁士击溃了俄国和普鲁士联军。

1809年7月6日

瓦格拉姆战役 拿破仑在维也纳附近带领16万人与人数相当的奥地利军队作战，最后法军获胜。

1812年9月7日

博罗季诺会战 拿破仑军队以13万人之众在莫斯科城门击败了俄国人，取得了战斗的胜利。

1813年10月19日

莱比锡战役 盟军一支30万人的部队战胜了拿破仑军队。

1815年10月18日

滑铁卢之战 拿破仑和他的12.4万大军，被威灵顿率领的9.5万英荷联军以及布吕歇尔带领的12.4万普鲁士军队击败。

德兰向他投降。俄国人被赶到了涅曼河的另一边，他们不得不与法国皇帝议和。就在拿破仑所有的目的即将达到的时候，他决心以特别庄重的方式签署这项代表他成功征服这片土地的和平协定。于是，在1807年7月7日这天，他在一个名为提尔西特的普鲁士城市附近与俄国沙皇亚历山大一世举行了一次会晤。会晤是在涅曼河中央的一艘小木筏上举行的，这条河成为普鲁士与俄国天然的分界线。拿破仑的精力充沛、举止谦卑给亚历山大一世留下了深刻印象，于是他接受了拿破仑提出的关于两大欧洲帝国间势力范围共享的要求，并放弃介入亚得里亚海及多瑙河地区。相反，拿破仑对俄国企图控制君士坦丁堡和博斯普鲁斯海峡表示反对——“不！”他大声喊道，“不，君士坦丁堡，永远不可能，因为那是属于世界的帝国！”

至于普鲁士——“违背誓言、背信弃义的国家”，这是拿破仑的原话——可能是被王后路易斯的尊严动摇了决心，决定把一块面积小到费德里克大帝征服以前的领土范围的土地让与这个得势的王朝。但割让西里西亚是相当痛苦的，普鲁士政府须缴纳一笔1.6亿法郎的战争税，除此之外还有7亿法郎因法军掠夺和入侵而遭受的战争损失。这个国家已成为废墟，更失去了其在西德的盟军，此后他们将并入拿破仑领导的莱茵联邦。

说起拿破仑，1807年秋他的一位部长曾说：“自从和俄国人达成协议后，他就再也没有害怕过其他人。”自那以后，毫无疑问拿破仑成了欧洲主宰，他用更个性化和更专制的方式统治欧洲。对此，一些与他共事的他的亲信们深有体会。1807 年，拿破仑打发走了塔列朗和贝蒂埃（Berthier），因为他不赞成他们提出的有关温和改良的建议。他加强了对异端分子的镇压，到 1810 年时法国监狱里甚至总共关押了 3000 名政治犯；对报纸刊物的审查变得更加严格；至于剧院——对政权充满恐惧的政治论坛，只有 8 家可以继续开放。拿破仑对他的家人也使用命令口吻，这让人看到了一个被荣誉冲昏头脑的人。从意大利洛迪之战结束开始，这位来自科西嘉岛的年轻将领就对自己的似锦前程充满了自信。然而，这种阅历丰富却又独断专行的形象从此将逐渐淡出舞台，为的是让位于“君主”登场——这两个字的含义比君主专制时期更具有贬义色彩。拿破仑在建立以教育贵族孩子为目的的圣西尔学校时，表达了模仿旧体制特有风格的意愿，并宣布说：“如果人们提出异议，我没有其他的回答，如果有，那也只是‘随您便’。”

“大陆封锁”政策

面对来自各方面的抵抗，拿破仑毫不妥协，对待英国更是如此，因为这是唯一仍在挑战“新查理曼大帝”的国家。拿破仑决定向英国发动全面战争，并让所有欧洲国家的亲王参战，“不支持我者就是犯上”。这就是“大陆封锁”政策。首个关于封锁政策的法令是 1806 年底由柏林发出的，它禁止来自英国的任何船只在欧洲大陆停泊，即使是打着中立旗号也不被允许。同时，该法令对所有国家均有效，包括《蒂尔西特协定》签字后的俄国、普鲁士、奥地利和丹麦。翌年，拿破仑颁布了其他一些新法令，进一步加强了对英国的封锁。其中，一条为 12 月在米兰颁布的法令，该法令授权各国有权捕获所有受英国管辖的船只。

这些法令的真实目的是让英国的经济陷入瘫痪。仅一年时间，英国和欧洲大陆的贸易往来就减少了一半。但是，英国仍可指望其在美国的市场以及美洲和亚洲的殖民地市场，补偿它在欧洲的贸易损失。除此之外，英国商人还搭建了多套有效的走私体系，尤其是建立在马耳他岛和位于北海的赫利戈兰群岛周围的体系。自 1810 年开始，封锁政策出现了裂痕，因为法国政府给来自不列颠岛的商品开具的进口许可证数量与日俱增，而法国当局不得不承认英国经济的重要性。拿破仑当年让其他

英法两国——欧洲两个最大劲敌

欧洲所有强国在历史上或迟或早都受到过拿破仑的强权统治。唯独英国在长达15年的时间里对法国誓不低头、坚决抵抗，并连续加入反法联盟的阵营。

英国政府的传统理念，也是他们引以为豪的理念，认为欧洲各国应分权制衡，因此英国是不可能容许法国成为新晋霸主的。法国在1792年发起革命起义后占领了比利时，这导致英法两国在相当长的一段时间里失去了和解的可能性。英国和法国两国之间战争的目的，还在于维护各自在殖民地的利益，包括亚洲和美洲。上图是转载的一幅漫画（当时的版画，作者不详），上面是英国典型的代表人物约翰·布尔在阻止法兰西帝国的皇帝大搞全球扩张的野心。1802年签署的《亚眠和约》，的确为英国国内的制造商征服欧洲大陆市场提供了保障。辉格党领导人查尔斯·詹姆士·福克斯（Charles James Fox）从法国旅行了一趟回到英国后，明确表示：“我可以很肯定地说，英国工厂将赢得这局。战斗也只是在曼彻斯特和圣康坦进行的战斗。”但英国人最终没能等到市场开放，反而冲突再起，因为拿破仑拉开了一场激烈的反英经济大战帷幕。

国家参与承担封锁英国的义务，这推动了他向那些保持中立的国家扩张其势力范围。封锁的结果，法国和英国之间的矛盾转化成了一场发动整个欧洲参与的全面战争。

当教皇庇护七世拒绝参与对英施行经济封锁的行动时，拿破仑于 1807 年当机立断地让米奥里斯公爵统领一支小分队占领了罗马，并将教皇软禁起来。至于葡萄牙——英国的老牌盟友，它因不施行对英的封锁政策而受到了拿破仑的谴责。于是，拿破仑与西班牙总理曼努埃尔·戈多伊共同制订了一份瓜分卢西塔尼亚领土的计划（《枫丹白露条约》）。1807 年 10 月，趁着葡萄牙王室家族去巴西的间隙，朱诺上将带着他的部队穿越伊比利亚半岛到达了里斯本。朱诺的这次远征可谓困难重重，一方面缺乏补给，另一方

戈多伊：为他的“主子”拿破仑效力

1801 年，在拿破仑的威逼下，曼努埃尔·戈多伊（Manuel Godoy）发动了葡萄牙战争，并夺取了几处位于前线的据点。

插图 西班牙国王查理四世的部长一幅著名的肖像画，法兰西斯科·戈雅（Francisco de Goya）所作。现藏于马德里圣卡洛斯西班牙皇家学院。

面组织不得力。一位法军士兵的说法证实了这一点，他说如此这般的混乱无序状态只在最糟糕的溃败中才见过。

“该死的西班牙战争”

这些困难都阻挡不了拿破仑。他在对战普鲁士的同时，还决意要在西班牙展开军事行动。后来，他在《圣海伦娜回忆录》（*Mémorial de Sainte-Hélène*）中承认了这一点——发动西班牙战争是他的一次重大错误，“这场不幸的西班牙战争是一块真正的伤疤，是导致法兰西走向不幸的首要原因”。历史学家也对他发动这场战争的动机提出了批评。然而，如果说征服世界就是帝国一切行为的原动力，那么入侵西班牙显然是一件理所当然的事。首先，他认为这场行动是为了向这个法国人眼里的宗教狂热国度输出现代文明。“西班牙国家的情况令人担忧，它被最无能的当权者所统治。”拿破仑曾以这样的理由来解释他的行为。另外，拿破仑还想通过掌握西班牙的控制权来达到他征服美洲的目的。拿破仑和他的部长们谈话时，表达了他寄托于“墨西哥和秘鲁伟大的王权与君主至高无上的地位，以及这些机构的建立可能对世界产生的影响”的想法（普拉特神甫 [abbé de Pradt]《西班牙革命历史的回忆》，*Mémoires historiques sur la Révolution d'Espagne*）。

对戈多伊（Godoy）领导的与西班牙国王查理四世的政府结盟，拿破仑同样表示不满。1806 年 10 月，西班牙政府曾轻率地表示支持普鲁士。1808 年初，为了推翻西班牙的波旁家族并让他的哥哥约瑟夫取代他们的位置，拿破仑导演了一出戏码。法军假道伐虢，以向葡萄牙进发为名，把守了通往马德里的战略要塞。次月，王子斐迪南（Ferdinand）——爱国思想的倡导者——的王位问题，导致了支持他的西班牙人民谋反。但是，不久拿破仑将整个王室家族成员都召集到巴约讷，他在那里威逼利诱他们将王位让与了约瑟夫·波拿巴。

5 月 2 日，当拿破仑第一次听说西班牙人在马德里进行大规模起义的消息时，他还不以为然，认为那只是“几声炮响”，驱散那群“贱民”足矣。但是，接下来的几个星期，越来越多的反法爱国群体走上街头，而西班牙常规军也在巴伊伦（7 月 20 日）出人意料地战胜了法军将领杜邦（Dupont）率领的部队。法军不得不放弃这个国家，而一个月后英国又悄然在葡萄牙登陆则给了朱诺一个措手不及。朱诺被俘，这让拿破仑怒火冲天。拿破仑在给他的战争部长克拉克（Clarke）将军的信中曾写道：“自这个世界存在以来，从来没有过如此愚蠢、如此荒谬、如此卑劣的做法。”伊比利亚半岛事件给原本对拿破仑有利的局势发展蒙上了一层阴影。

1808 年末，拿破仑在埃尔福特与沙皇共同主持了有各国总督和亲王参加的大会。此时，“东西方的皇帝们”都做好了准备，把他们当初在蒂尔西特拟定的彼此之间瓜分领土和势力范围的计划再进行细化。但此刻拿破仑对西班牙的局势忧心忡忡，他把这次集会看成是一次机会，可以让他与俄国结盟而保证普鲁士和奥地利按兵不动，以便他派遣一部分兵力到西班牙。会议刚一结束，拿破仑就召集了 20 万人朝伊比利亚半岛进发。

这次的战斗宛如一道闪电。不到一个月之后，拿破仑就在索莫塞拉降伏了西班牙微弱的抵抗力量，而后到达马德里。在这场战役中，拿破仑曾下令让他的波兰轻骑兵团冲锋杀敌，以抢夺敌方的大炮。在一个营都倒在了西班牙的炮弹发射下后，拿破仑一边命令士兵们继续发起新一轮的进攻，一边回答一名中尉的问题，说他不知道什么叫“不可能！”——拿破仑那句至理名言“我的字典里没有‘不可能’三个字”便由此而来。话虽如此，但 1808 年那些波兰人是战场上的主力军，他们拔出刀鞘歼灭了一个炮兵连的敌军，然而代价是己方大量的士兵阵亡。

拿破仑于 1809 年初回到法国，但是征战仍未结束。苏尔特元帅接替拿破仑继续指挥军事行动，并在克鲁尼亚战役中打了个大胜仗，这迫使英国人重新回到海上。法军无情地围攻和连续轰炸萨拉戈萨，不给它喘息的机会。两个月后，萨拉戈萨投降，而这场英勇壮烈的战斗造成了当地一半居民（超过 5 万人）死亡。西班牙将军帕拉福克斯（Palafox）——西班牙独立战争的英雄，被囚禁在樊尚堡直到 1813 年。赫罗纳在经过 9 个月抵抗后于 1809 年 12 月失守，之后罗德里戈城也在 1810 年 7 月投降。至于英国人，他们以里斯本北部 50 公里远处的托雷斯韦德拉什防线做掩护，从 1810 年 10 月起一直被围困在防线以内。

西班牙的抵抗力量日益濒临走投无路的绝境，事实上他们已后撤到了加的斯，爱国运动后建立起来的西班牙政府当局把这里当成他们的避难之所。当法军开始包

西班牙战争中的几场重大战役

1808年

5月2日 缪拉率领的部队粉碎了马德里人举行的反对法国入侵西班牙的起义。

1808年

巴伊伦 西班牙军由卡斯塔尼奥斯（Castaños）将军率领，打败了由杜邦将军率领的法军。约瑟夫·波拿巴逃往马德里。

1809年

萨拉戈萨 莫西（Moncey）、莫塔尔（Mortier）和兰内斯（Lannes）领导发起的对阿拉贡大区首府的第二次围攻，以法军弃城告终。

1811年

安达卢西亚 对科尔多瓦、塞维利亚、格林纳达和马拉加的占领，标志着法国对伊比利亚半岛的统治已达到了顶峰。仅有加的斯仍在进行顽强抵抗。

1812年

罗德里戈城 一阵猛攻后，威灵顿公爵率领的英葡联军夺取了巴里埃（Barrié）将军阵守的卡斯蒂利亚市。

1813年

维多利亚 法军被英国、西班牙和葡萄牙三国联军击败，转而向后方撤退。

马德里爆发反对入侵西班牙起义

1802 年 5 月 2 日，留在马德里的王室家族成员将被送往法国的消息传遍了西班牙首都。国王查理四世和斐迪南王子都已被送到了巴约讷，现处于拿破仑的掌控下。

在皇宫前，马德里人与法国人之间的紧张气氛已经到了剑拔弩张、一触即发的地步。法国人枪杀手无寸铁的平民，造成无数人伤亡。因为，不论是西班牙平民还是军队，也不论男女，法国人一律格杀勿论。这是全民起来暴动“驱逐法国人”的信号。

这幅著名的绘画是由戈雅所作，现藏于马德里普拉多博物馆。画作表现的是马德里民众与法军士兵顽强斗争的场面。虽然作品名字是“马穆鲁克雇佣军的冲锋”，但它展现的并不是马穆鲁克冲锋的场景，而是西班牙平民手里攥着匕首和几杆火枪，在普埃尔塔德尔索尔伏击缪拉将军派遣的小分队，以及法军正在驱散人群的场景。以道兹（Daoíz）和维拉德（Velarde）为代表的西班牙抵抗力量，集中在位于蒙特莱昂的炮兵军火库中。然而，法军在城市里有 1 万人，在周边地区也有 2 万人，人数上占据优势。

围加的斯这座城市时，西班牙立宪议会成立了。约瑟夫国王随后前往安达卢西亚，沿途到处都是胜利游行，并伴随着西班牙政府欢迎新王朝到来的喝彩声和热情的演讲声。塞维利亚教区主教称这位新君主是“仁慈的长官和胜利的国王”。国王的一位部长安德烈–弗朗索瓦·米奥特·德梅利托（André-François Miot de Mélito）后来写道：“人们再一次相信这场战争即将结束。”

然而，此次军事行动取得的进展所付出的代价相当惨重。法军与西班牙抵抗力量的斗争，已导致了他们的报复行动升级，而平民百姓是最大的牺牲品。“我们得到的命令是，一旦村子里有人向我们开枪，我们就要杀死所有人并放火烧掉一切，包括摇篮里的孩子……连续六周，日复一日，我们所做的只是烧杀抢掠。”拉沃（Lavaux）中士在他的《战场回忆录》（*Mémoires de Campagne*）中写道。巴尔扎克也曾生动地描绘了这场战争的恐怖景象，展现了属于西班牙人的无限荣光。他在小说《埃尔・韦尔杜戈》（*El Verdugo*，“刽子手”）中讲述了一位西班牙贵族家庭的儿子是如何在法军逼迫下不得不处决他的家人：当这个男孩即将处死他父亲的时候，他的父亲充满愤怒地看着法军士兵，“为了唤醒胡安尼托内心中对法国人的憎恨”。因此，虽然西班牙抵抗力量未能战胜拿破仑大军团，但它还是让拿破仑遭遇了挫折，让他在西班牙损失了本可以投入到其他战争前线的资源。

德国的民族主义

西班牙人的反抗使日耳曼地区人民深受触动，虽然在该地区奥地利和普鲁士军队曾遭遇过一连串的挫败，但动员反抗力量的行动并没有因此减弱。一些文人墨客点燃了人民心中狂热的爱国主义情怀，如席勒（Schiller）——他于1804年逝世前出版了一部名为《威廉・泰尔》（*Gillaume Tell*）的戏剧。该剧影响深远，尤其激荡起年轻人心中的爱国热情。1809年，当拿破仑在熊布朗宫进行部队检阅时，一名手持匕首的萨克森年轻人接近拿破仑时被抓获，并当场承认了暗杀拿破仑的企图。拿破仑动了恻隐之心，决定对他网开一面，只要他能请求拿破仑的宽恕，就让他免于一死。可这位年轻的斯塔普拒绝求得拿破仑的原谅，宁可高呼“自由万岁！德国万岁！”赴死。

奥地利也被同样的爱国氛围笼罩着。经过了1805年的败仗，奥军听命于查理大公，开始了一番巨大改革。奥军为了组建一支70万人的部队，扩大了征兵。朝廷和政府的大部分人，受到皇后和首相斯塔狄翁（Stadion）的支持，越来越公开地表达出好战的情绪。面对这个外来的专制独裁者，许多民众举行示威游行，呼吁德国统一。但是，他们号召人民抵抗的做法，也是受到西班牙人民行动的鼓舞。在蒂罗尔，一场真正的人民起义被煽动了起来，而这片土地曾于1805年割让给了巴伐利亚。起义的首领安德烈斯・霍弗（Andreas Hofer）受到了威廉・泰尔的传奇故事的启发。1809年，蒂罗尔人开始起来反抗巴伐利亚当局统治，他们在因斯布鲁克附近的伯吉瑟尔战役中打败了巴伐利亚当局部队。这场始料未及的危机，迫使拿破仑在 1809 年 1 月提前离开了西班牙。

在巴黎组织了一次游说活动后，拿破仑取道多瑙河重返巴伐利亚。这次，奥地利人做了更加充分的准备。由于受到敌军追击，马塞纳（Masséna）的部队虽然跨过了多瑙河，可在河对岸又遇到了查理大公部队的埋伏。战役在阿斯珀恩和埃斯林之间的地带打响，拿破仑的军队遭到奥地利军炮兵袭击，不得不下令撤军。这场战役双方损失惨重，各自阵营在战场上分别损失了 2.2 万名士兵。

两个月后，拿破仑亲自带领 20 万人跨越多瑙河，继续进行上次被迫放弃的战斗。战斗持续了两天，最后以法军摧毁了奥军在瓦格拉姆的阵地告终。奥地利军队不得不撤退，他们的阵亡人数多达 3.5 万人。拿破仑军队也损失了 1.5 万～2 万人，他们已没有足够的兵力去乘胜追击了。奥地利皇帝被迫签订了《维也纳和约》，因此奥地利丧失了它的一些主要领地，如的里雅斯特、卡尼奥拉、萨尔茨堡、西加利西亚等地。拿破仑在合并了的里雅斯特、卡尼奥拉和达尔马蒂亚之后，又吞并了亚得里亚海东岸的伊利里亚省，将它们加入了他的帝国版图。

帝国的巅峰时期

自从战胜了奥地利以后，拿破仑的个人生活也受到了直接影响。因为他的妻子约瑟芬一直没能给他生育子嗣，但通过一段段婚外情，拿破仑坚信这全是由于皇后约瑟芬不孕造成的，尽管皇后在前一次婚姻中已经有了两个孩子。然而，虽然拿破仑一直奋战在德国和波兰战场上，与皇后约瑟芬聚少离多，关系变得越来越冷淡了，但这些都不是问题的关键所在，政治原因才是最主要的。

为了“娶一个‘子宫’”，即娶一位有可能给他生个男性后代的公主为妻，拿破仑同意了那些建议他与皇后离婚的人的观点，即便他对皇后仍怀有真挚的情感。拿破仑在欧洲皇室中物色妻子人选，一是为了加强他的地位合法性，二是为了得到一位公认的王位继承人。他原本希望娶到沙皇的妹妹，但沙皇一直在拖延时间不予回复。于是，他选择了玛丽-路易斯（Marie-Louise）——奥地利国王弗朗茨二世的女儿，他们的婚礼在 1810 年 3 月举行。一年以后，一名男孩出生了，并被授予“罗

马国王”的头衔。从此，拿破仑终于有了他梦寐以求的继承人。

1810 年至 1811 年是拿破仑政权的巅峰时期。他的帝国覆盖了最广阔的疆域，延伸到了 130 个省份，它们全都受到帝国政府的直接管辖，其中还包括一众附属国等。至此，仅斯堪的纳维亚、俄国和英国还保持着独立地位，甚至伦敦也保持了谨慎的态度。1809 年 7 月，英国军队在荷兰瓦尔赫伦岛登陆，而此时拿破仑正在奥地利战场上激战，这在一段时间内对巴黎构成了威胁。但是，仅在拿破仑这次远征的三

拿破仑的御座

御座由雅各布-德斯瓦尔特（Jacob-Desmalter）设计，曾用于皇帝的加冕礼，安放在杜乐丽宫里的王座厅里。现藏于巴黎卢浮宫博物馆。

个月后，英国人便以狼狈撤退收场了。从此，在伦敦的一些人便开始谈论着要和主宰欧洲大陆的强权国家——法国寻找妥协的办法。

然而，局势又在不知不觉中发生了逆转。经济形势发生了变化：1810 年，爆发了一系列银行破产事件，而第二年又遭受了更为严重的主要是粮食危机的打击。连年战乱让法国背负了沉重的担子，并反复征兵发配到西班牙前线（“肮脏无耻的西班牙战争”），而招募的新兵年龄一批比一批小，逃兵越来越多，也有越来越多的人通过交税免服兵役。同时，国际局势也在不断恶化。教皇庇护七世顽固地坚持自己曾经宣布的开除拿破仑教籍的决定，并拒绝任命法国教区主教。拿破仑在执政初期试

熊布朗宫

拿破仑在 1805 年和 1809 年两次入侵维也纳时都住在熊布朗宫，这里是自玛丽-特蕾莎（Marie-Thérèse）时代以来哈布斯堡王朝皇室的夏宫。拿破仑第二次来到这里时，在此住了好几个月，还经常去看歌剧。早晨，他检阅部队的仪式，如同表演一样吸引了很多人驻足观看。

图与教会之间达成政治和解，但此时已付之东流。

为了解决日益增多的主教席位空缺问题，以及应付来自天主教派愈来愈强烈的反对，拿破仑开始倾心于采用法国教会自主的方式，虽然这样会面临与教皇决裂的风险。他在 1811 年夏天召开了一次全国主教会议，但是仅有少数法国天主教高级教士到会。

拿破仑对此做出了回应，并加强了专制统治和弹劾机制。他易怒的性格和专断独行的做法，也无一例外地累及他的部长和亲信们。对此，他的弟弟、荷兰国王路易尤其不能忍受，并于 1810 年 7 月放弃了王位。这一年，拿破仑决定将西班牙位于埃布罗河左岸的省份分割开来，这使得约瑟夫在西班牙人眼里名誉扫地，而拿破仑并没有事先征求过他的意见。在拿破仑的这位哥哥看来，他曾在某一时期似乎已成功说服了他的臣民们，使他们认为其统治是具有合法性的，但如今他却听到了弟弟粗鲁的回答："国王必须是法国国王！我征服西班牙就是为了法兰西。"整个欧洲都必须对这位来自杜乐丽宫的征服者俯首称臣。

俄国战争：拿破仑大军团覆没

1812年6月，拿破仑入侵俄国，企图促使俄军进行两军正面交锋，以便速战速决。结果，他错失了三次执行该计划的机会，地点分别是在维尔纽斯、维捷布斯克和斯摩棱斯克。最后，到了莫斯科城门口，期盼已久的“胜利”却自己送上门来了。

博罗季诺会战是一场皮洛士式的胜利，法军和俄军几乎损失了同样多的兵力。当拿破仑进入莫斯科时，他发现这座城市已是一片废墟，而沙皇对他呼吁的和平谈判则不予理睬。后来，拿破仑承认是因为突然遭遇了俄国严冬才导致这次远征以悲惨而漫长的撤退为结局，并且他的部队也在撤退中伤亡殆尽。但历史学家则认为，这是拿破仑决策中出现的一次致命失误造成的。他疯狂地向莫斯科进军导致战线过长，切断了军需食物供应链。同时，拿破仑也没有利用好待在俄国首都的时间，以让士兵们做好充分准备迎接即将临近的寒冬。对拿破仑大军团的一些幸存者来说，大撤退是一次真正的痛苦折磨。

插图（左侧） 俄法战争中大撤退时的法军士兵。此画由约瑟夫·费迪南德（Joseph Ferdinand）所作，现藏于鲁昂美术博物馆。

俄国战争

正是在这种情况下，拿破仑下定决心侵略俄国。他曾经花费了很大力气与沙皇结成紧密同盟，并且在提尔西特时还相信将与其瓜分整个世界，但现在他不再信任亚历山大一世了。“他只是我建造的巨大建筑物尖顶上无足轻重的人。他的力量还在壮大，而我的却在衰弱。”拿破仑说。拿破仑知道亚历山大对他表示友好只是表面上的，其实他们之间存在着很多产生摩擦的因素：首先，俄国“自然”地扩张区域创建华沙大公国；其次，他们在巴尔干或者印度的野心，而拿破仑对那里也一直是虎视眈眈；最后，沙皇越来越受到密教信仰影响，认为自己要成为整个欧洲基督教秩序的创建者。

实际上，亚历山大一世在早前的一段时间里似乎已接受了拿破仑的政策，而如今他开始与法国保持距离，尤其是在拿破仑执行“大陆封锁”政策之时。因此，两国间的战争已不可避免。1812年5月，拿破仑在波兰集结了欧洲前所未有的最庞大

反法同盟与联合

1798—1801年

第二次反法同盟 英国、俄国、奥斯曼和奥地利发动反对法国督政府的战争，但他们在意大利被拿破仑打败。

1805—1806年

第三次反法同盟 英国、俄国、奥地利、那不勒斯、瑞典组成了新的反法同盟，但同盟军在奥斯特里茨被歼灭。

1806—1807年

第四次反法同盟 在拿破仑取得耶拿和奥尔斯泰特两场战役的胜利后，加入英俄联盟的普鲁士被迫离开。

1809年

第五次反法同盟 它经历了6个月的时间，从奥地利加入该同盟开始，到英俄战线的形成，最后以瓦格拉姆战役盟军战败结束。

1813年

第六次反法同盟 自从法军在俄国前线溃败之后，英国、普鲁士、奥地利、瑞典和巴伐利亚就开始与俄国结成同盟。

1815年

第七次反法同盟 拿破仑从厄尔巴岛回到法国，这让大部分欧洲国家再次联合起来共同赴敌。

的一支军队，人数多达60万人。其中，法国人只占三分之一，其他是由来自19个不同国家的士兵组成——这种混杂的结构决定了这支军队不会给他带来什么出色表现。俄国人的三支军队原来只有20万人，但通过征兵入伍，逐渐发展壮大起来。

6月，拿破仑对俄国发动了侵略战争。他的计划是尽快发起决定性的激烈战斗，以迫使沙皇进行和谈。拿破仑想按照欧洲惯例让敌方先发起攻击，但他的计划落空了，俄国将领们选择了撤退，不与他正面交锋，并放火烧掉了所有可能作为敌军食物供给的东西。这种策略相当奏效，拿破仑军队的力量被削弱的局面已无法扭转——总共44万人的大军，最后仅11万人到达了莫斯科，大约10万人留在路上组成了安全驻军，而其余的人在行军中经历了严酷的气候条件的考验：令人窒息的酷暑，夏日倾盆大雨后留下的泥泞道路，加上补给困难，这些都折磨着他们。

拿破仑原本打算在这个国家以战养战，可没想到俄国人采取了“焦土政策”，他们烧尽了地上的一切，什么也不留。与在西班牙时的情形一样，法军时而还遇到游击队的突袭和骚扰，让他们也损失了一部分力量。最后，法军3万人在博罗季诺会战中牺牲，这是俄国战场上最血腥的一次战役——它消灭了法军主力阵容，但俄军阵营也造成了4.5万人死亡。其实，赶在拿破仑踏足莫斯科之前，俄国人就已经烧毁了莫斯科全城。拿破仑在莫斯科待了

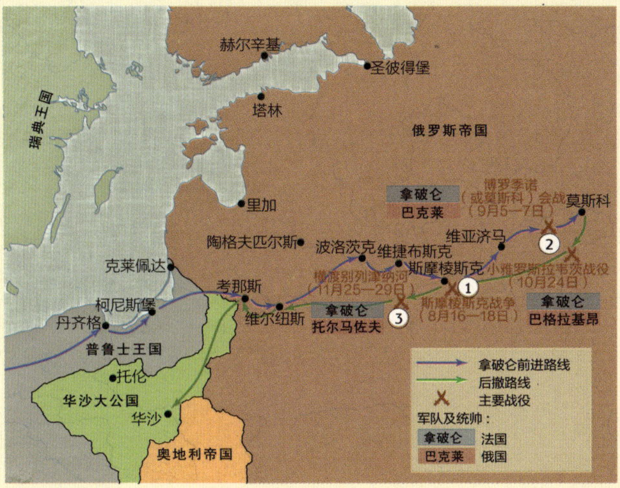

① **斯摩棱斯克战役**

8 月 16 日，当俄军大部队撤退时，巴格拉基昂（Bagration）亲王反对进行顽强抵抗。双方阵营各自有 1.2 万人牺牲，整座城市被洗劫一空。

② **博罗季诺会战**

到达莫斯科之前，法军已和库图佐夫率领的俄军进行了正面交锋。这是一场大浩劫：法军和俄军分别有3万人和4.5万人战死。

③ **别列津纳战役**

法军因受到俄军骚扰，于是在别列津纳河上架起了两座桥。正是这两座桥，让拿破仑保存了剩余的一半有生力量，即2.5万人。

五个星期，希望和沙皇有谈判的机会，但最终没有等来。10 月 19 日，拿破仑发出了撤退信号。

在这次西征途中，被拿破仑称之为“冬将军”的冰雪严寒扼杀了一切。数百名士兵冻死，其他人因遭到了哥萨克人的袭击而死亡。在完成了这次悲惨的穿越别列津纳之行后，仅 1.9 万名士兵到达了涅曼河。他们身后留下的不仅有尸骨，还有 10 万名法军俘虏，以及整个拿破仑大军团的炮兵部队。这场战争完全就是一场灾难，正如雨果在他的名作《赎罪》（*L'expiation*）中所描绘的那样——“鹰第一次低下了他的头”。

横渡别列津纳

由波兰画家扬维尔·苏索多尔斯基（Janvier Suchodolski，1797—1875）所作的这幅作品，表现的是俄国战场上溃败的法军幸存者在混乱中悲壮撤退时的场景。最后，拿破仑和他的主要将领们成功渡河。该画作（第 194—195 页）现藏于波兹南国立博物馆。

威灵顿将军：英国抵抗运动的英雄人物

第一代威灵顿公爵阿瑟·韦尔斯利与拿破仑同岁，因在滑铁卢战役中打败了法兰西皇帝而被载入史册。他于1796年至1805年间在印度受训。三年后，英国部长卡斯尔雷（Castlereagh）将他派往葡萄牙对付入侵半岛的法军。这是他第一次指挥作战，结果却战胜了朱诺将军，但最后还是心酸地回到了英国。

1809年，阿瑟·韦尔斯利重返葡萄牙。作为部队主帅，他重新组织了麾下军队，以赴西班牙对付法军。同年，塔拉韦拉德拉雷纳战役的胜利使他获得了“威灵顿公爵”的称号。翌年，得益于里斯本附近的托雷斯韦德拉什巨大的军事防线，他成功阻碍了马塞纳的进军。自1811年开始，他就接连不断地向法军发起攻势，直到维多利亚战役将法军赶出了伊比利亚半岛。两年后，在滑铁卢，威灵顿将军达到了他职业生涯的顶峰。这位将军虽不能比拿破仑这样天才的战略家，但是他知道如何充分利用所有的资源，尤其是炮兵部队资源。一位参加过塔拉韦拉德拉雷纳战役的法国军官曾证实说：“那是我第一次遇到英国军队的炮击声贴着我们的耳边飞过，我可以说那就是为了给我们一个下马威的；事实上，此前我们还从未听到过如此猛烈而又密集的炮弹发射声。”

插图 威灵顿将军的肖像，爱德华·斯特雷林（Edward Ströhling）所作，现藏于伦敦国家陆军博物馆。

保卫法国

“鹰”回到了法国，但没有花时间去拯救他的军队。几个星期后，他便划着雪橇穿越立陶宛和德国去旅行。当他到达巴黎时，他的支持者们刚刚捣毁了一次由老将马雷（Malet）领导的共和党人起义。反对派共和党和波旁王朝的拥护者势力变得更加强大，而这座帝国大厦四面都出现了裂缝。汉堡和加入了汉萨同盟的城市都爆发了起义。缪拉（Murat）元帅既是拿破仑的妹夫又是那不勒斯国王，为了挽救他的王国不惜去勾结奥地利人。普鲁士和俄国结成盟友，以应对新的战争。在西班牙，帝国元帅马尔蒙（Marmont）在萨拉曼卡附近的洛斯阿拉皮莱斯向威灵顿

（Wellington）投降（1812 年 7 月）。这次失利成为“半岛战争”局势的一个转折点。虽然苏尔特元帅自安达卢西亚战役以来让局势暂时扭转，并且英国人也被他钳制在了罗德里戈城，但因为这次失利，约瑟夫不得不撤离马德里。

尽管如此，但拿破仑是不会让自己就这样被击垮的。他组织了新一轮的征兵进行军队改革，但一夜之间很多人通过结婚的方法企图逃脱兵役。拿破仑重组了他的炮兵部队，但是其军备质量比不上对俄作战时期。1813 年 4 月，俄国人已经抵达柏林，拿破仑跨过莱茵河收复了汉堡并打入萨克森。在攻取了莱比锡之后，法军在吕岑击溃了俄国和普鲁士联军。

拿破仑自知己方的军事力量不足以消灭对方，于是他在 6 月签订了停战协议，并认为这是走向和平谈判的出口。同时，拿破仑希望遏制新的反法同盟的形成——奥地利和瑞典将参与其中，而这次的反法同盟却是由拿破仑的将军贝尔纳多特（Bernadotte）领导的，不久前他刚刚被立为瑞典王储。然而，威灵顿将军在维多利亚取得的胜利（1813 年 6 月 21 日）却导致法国人被彻底赶出了西班牙的领地，而这也让奥地利首相梅特涅（Metternich）相信这位法国皇帝“行将就木”了。于是，梅特涅向拿破仑提出了一系列令其难以接受的和平条件。

欧洲新反法同盟成立了，同盟各国决心要推翻这个十五年前打破了欧洲君主制秩序的人，其目标是入侵法国。奥地利、普鲁士、瑞典和英国总共集结了 80 万人的兵力，而拿破仑只有不到 50 万人。虽然双方力量悬殊，但拿破仑也没有因此被迅速打败。8 月 26 日至 27 日，停战协议签署后的第一战在德累斯顿打响了。在这场战役中，拿破仑亲自率领部队在黎明破晓时分发动了出其不意的进攻，使得法军占据了优势。此役，俄军和普鲁士军的阵营有 3.8 万人阵亡，而法军只战死了 1 万人。

但在莱比锡会战（又称“民族之战”）前夕，法军已连续遭遇了多次失败，元气大伤。在布吕歇尔（Blücher）的指挥下，反法盟军集结了 30 万人，达到了法军人数的 2 倍。经过一天的战斗，拿破仑开始明白无论何等的运筹帷幄，即使是用兵天才也无法填补军事力量失衡造成的损失，于是他下令撤军。盟军继续追击，摧毁了法军营地。5 万名法军士兵战死，一些重要将领如达武（Davout）等被俘，法军几处重要据点失守，而此时此刻拿破仑对这场迫在眉睫的、抵抗盟军入侵法兰西的行动不再抱有希望。对于拿破仑掌控下的国家来说，“解放”的时刻到来了。荷兰重新回到了纪尧姆・多兰奇（Guillaume d'Orange）时代，他是旧时荷兰共和国大统领。在瑞士，保守的寡头政治势力发动暴力事件，驱逐了那些在瑞士的亲法派。在那不勒斯，缪拉和他的妻子卡罗琳・波拿巴（Caroline Bonaparte）为拯救他们的王国，公开寻求与奥地利结盟。

面临着越来越无法挽回不利局势的境地，拿破仑展现了其无以匹敌的外交才华与和谈能力。他释放了被拘禁在法国的西班牙国王斐迪南七世和教皇庇护七世，并和奥地利首相梅特涅进行了和谈。不过，英国人却不屈不挠。在法国，自由派反对党毫不留情地揭露了拿破仑的专制与征服世界的野心。拿破仑开始为他的王位继承人一事搭建各种各样的计划：有人建议他把王位传给他的儿子——罗马国王，也有人倾向于让他的将军如贝尔纳多特继承，更有甚者希望波旁家族的人继位。

在保卫法国的战斗中，拿破仑最终证明了他是一个伟大的军事天才。仅一个事例便可见一斑：1792 年法国已面临覆国的危险，拿破仑组织了新一轮征兵进行改革，但是征入的新兵数量甚少且实战经验不足。在莱茵河，拿破仑 6 万人的部队面对的是反法盟军 35 万大军，最开始几个回合的交锋并不占优势。然而到了 2 月，谁也没能想到，在对付向巴黎挺进的盟军陆军部队的战斗中，他接二连三地赢得了胜利。布吕歇尔、奥尔苏菲耶夫（Olsufiev）和符腾堡亲王（Prince de Wurtemberg），已经难以应对拿破仑和他忠心耿耿的元帅们所采取的快速机动的用兵方式了。

但是，盟军前进的步伐势不可当。英国人和奥地利人分别占领了波尔多和里昂。3 月 30 日，马尔蒙（Marmont）在盟军还未入侵巴黎之前就已放弃抵抗投降了。元老院颁布政令，废黜了这位“暴君”——拿破仑。拿破仑不堪重负，撤退到了枫丹白露宫，并于 4 月 16 日这天退位。在经历自杀未遂后，他接受了被流放到位于托斯卡纳沿海的厄尔巴岛的提议。1814 年 4 月 20 日，他走下枫丹白露宫的台阶向老近卫军们致意，而后登上了去往意大利海岸的船。

第一次复辟

1814年，法国只有少数民意支持波旁家族的阵营。在取代拿破仑的候选人中，那些旗帜鲜明地继承了大革命衣钵的人更有望胜出。最后，塔列朗略施手段让此时已近60岁的路易十八、1793年上断头台的国王路易十六的弟弟继承了王位。塔列朗安排波旁王朝的继位者在加莱迅速登陆，等他一到巴黎就为之主张其地位的历史合法性。这位部长希望路易十八能吸取波旁王朝的历史教训，接受诞生于法国大革命时期的自由民主制度，但是他的愿望未能完全达成。

路易十八反对由这位前主教提出的宪法草案，他更倾向于“赐予”人民一部宪章，其中反映了他与立宪主

弗朗茨二世凯旋

奥地利皇帝于1814年5月代表奥地利在《巴黎和约》上签字。和约规定了法国疆界缩小到1792年前的范围内，并决定将拿破仑流放到厄尔巴岛。这幅作品表现的是1814年弗朗茨二世凯旋时的场景，由约翰·彼得·克拉夫特（Johann Peter Krafft）绘制完成，现藏于维也纳艺术史博物馆。

拿破仑在枫丹白露

1814年3月31日，巴黎落入盟军之手。拿破仑撤退到了这座旧皇室的城堡里，并于4月6日宣布退位。在12日至13日夜间，他企图服毒自杀。20日，他与他的近卫军们挥手道别，然后启程去往厄尔巴岛。

义达成共识和和解的愿望。他在批判大革命中导致的“重大的变革”和“致命的偏差”的同时，也态度明确地表达了不愿回到过去的君主专制制度的想法。这部宪章在规定保护个人权益的同时，还规定了执政的部长们与各议会（投票表决法令、赋税和预算）间的权力分立。该宪章也保证了在大革命期间被出卖的国家财产的所有权不会被收回。这种平衡令许多思想游移不定的民众很满意，他们原来就是反对革命过头、支持维护秩序的帝国政体的人。

然而，路易十八是个缺乏主见、极易被他人左右的人，他没有坚持这项政策走“中间路线”，而是很快就放任思想最为反动的一撮人兴风作浪。那些怀念旧制度、主张彻底复辟的贵族阶级，慢慢地占据了朝廷和军队的要职。同时，挑衅事件也时有发生，如废除法国的“三色旗”；一些极端教士也重获了属于他们的特权。战争部由杜邦将军领导，但他由于巴伊伦战役失利已经颜面扫地。战争部还犯下了愚蠢的错误，将拿破仑时代战争中的功臣排除在外。但是，路易十八保留了富歇的警务部长职位。塔列朗也与富歇一样被保留了职位，而全法国唯独他俩没被撤职。

这一决定激起了各阵营的强烈不满：自由主义者担心专制制度将卷土重来，共和党人反对与君主和教会联合，有产者们担心他们已经获得的国有财产会被没收，士兵们向往回到过去的拿破仑辉煌时代……与此同时，在维也纳，最终的和平协议谈判正在进行，虽然法兰西外交官塔列朗为争取减少损失尽了所有努力，但是法国需要支付的补偿款很有可能是一笔相当沉重的债务。

在拿破仑被流放到厄尔巴岛的头几个月里，他致力于改造该岛屿的计划，如灌溉、公路、铁矿等。但是，他也留心观察着外面世界的一举一动。他担心那些聚集在维也纳的战胜国会连他居住的小岛也要夺走，因为这里太靠近欧洲大陆这个政治舞台了。同时，他还意识到，在法国民众尤其是一些老兵心中，滋生出了对波旁王朝越来越多的不满情绪。此刻，他头脑里还酝酿着另一个计划，一个可以和他眼中的“小说——就是我的生命”相提并论的计划，正如他后来坦承的——“胜利回到法国”。最后，他在厄尔巴岛流放了不到十个月的时间，便在几名心腹的陪同下由两艘驱逐舰护送前往弗雷瑞斯，并在那里登陆。当他穿越东南边这片保皇主义集中的地区时，人们还感到很惊奇甚至不相信眼前的事实；可等他越过里昂的时候，人们就表现得非常兴奋了，最后他于 1815 年 3 月 20 日到达了巴黎。此时，路易十八已经逃亡。

滑铁卢战役

在巴黎，拿破仑在众人面前表现出改头换面的样子，因为曾经的落败让他引以为鉴，并把过去的失败归因为自己过于专制的统治和征服他国的意志。但是，这种表面做戏的态度欺骗不了“上流社会”。拿破仑明白自己只能获得几个少得可怜的

滑铁卢之战：拿破仑时代进入尾声

滑铁卢战役，可总结为法方对坚不可摧的英国阵营和普鲁士部队发起的一系列进攻。6 月 18 日下午，骰子已掷出，内伊元帅下令发起最后一次骑兵队冲锋，最终这场战役演变成一场屠杀，并持续到黎明时分。

插图 在滑铁卢战役中，普鲁士军队夺取了普兰切诺特村。这幅画作由阿道夫·诺森（Adolph Northen）所作，现藏于汉堡艺术馆。

无条件支持他的人的信任，也明白那些在不到一年的时间之前曾逼迫他退位的人对他仍充满了怀疑。于是，他就政体制度问题向显贵们让步与妥协了，同意该决议由议会机构批准，而不久前他对这些议会机构还不屑一顾。邦雅曼·贡斯当——自由主义反对派旧首领——带着诚意和机会主义的想法，提出向拿破仑效力，起草新宪法、改革帝国时代通行的旧宪法。但是，拿破仑内心深处并不相信这种形式主义的做法，后来他写道：“他们的思想和他们的宪政让我身心疲惫。”人们对立宪也没有表现出太大的热情，在宪法条文投

票中弃权票占到了 80 %。

至于外务方面，拿破仑曾多次急切地发表声明表达他的决心，并表示已放弃征战的打算以稳定人心。但是，对于那些齐聚在维也纳的欧洲大国来说，拿破仑的归来是他们不能忍受的奇耻大辱——这些国家将他看作是“敌人和扰乱世界安宁的人”。于是，第七次反法同盟形成，目的是为一举歼灭这个同盟国眼中的“整个世界的公害”。拿破仑走投无路，他只得拿起武器重新开始战斗。可是，几乎没人认为他还能重拾

滑铁卢战役中的几个关键时刻

13点

在贝洛（Bülow）的指挥下，3万名骑兵到达战场。

16点

法军从普鲁士军手中夺取了圣海牙。

17点

内伊下令骑兵队进行最后的冲锋，这次冲锋作战持续了两个小时。

21点

普鲁士军队发起了决定性的进攻。

百日王朝：拿破仑传奇落幕

1815 年 7 月，一位信奉君主主义的省长欢迎路易十八回到法国。这个趋炎附势的人发表了一段演讲："自从陛下您在我们这些悲伤的人的泪水中离开首都至今，已逾百日了。"

"百日王朝"这个说法便出自于此（实际上是 110 天），它是指拿破仑从流放地厄尔巴岛回国到他兵败滑铁卢的这段时间。拿破仑回到法国后，似乎又重整了往日雄风。他于 3 月 1 日在朱安海湾下船，3 月 10 日到达里昂，并受到人们的热烈欢迎。他的归来，再一次证实了他是名副其实的雷厉风行。这是一次"鹰的飞行"，正如他在下船时发表演讲中的比喻："鹰将从一座钟楼飞向另一座钟楼。"他于 3 月 20 日到达巴黎，路易十八已在前一天仓皇逃跑，于是拿破仑立即收回了他在杜乐丽宫的寓所。对于他的不期而至，人们难以预料后续将发生的事情。在法国，有一部分人害怕回到专制统治时代，就像自由主义者揭露的那样；另一部分人则担心老雅各宾派会东山再起。各同盟国收到了拿破仑越狱并"带着武器回国"的消息，随即在维也纳召开会议对此做出反应，并发表联合声明："波拿巴破坏了他在厄尔巴岛达成的约定，使其自身丧失了唯一合法地位。……他自己在世界人民的面前放弃了受法律保护的权益，既不懂得维护和平，也不知道休战。……他是全世界的公敌，是让整个世界不得安宁的人，已经受到了社会的审判。"拿破仑本希望和平共处，但现实让他不得不在比利时再次发起战争。他 6 月 12 日离开巴黎，18 日就在滑铁卢开战了。6 月 22 日，拿破仑第二次退位，这也是他最后一次退位。

昔日辉煌。在他昔日的元帅中，仅有达武、苏尔特（Soult）、叙歇（Suchet）和内伊参战，其他人则倒戈到波旁家族的阵营或者隐退而去。他紧急召集了 12.5 万人的军队，但与反法盟军的 70 万人部队自然无法相提并论。

拿破仑向比利时进军，希望速战速决地打败威灵顿将军率领的英国和普鲁士军队，因为此时同盟军部队的人数在奥地利和俄国人到来前与法军人数相当。1815 年 6 月 15 日，双方开战，交战地点在比利时附近的圣让山（英国人后来将这次战役命名为“滑铁卢战役”——滑铁卢是圣让山附近的一个村庄的名字，这个英语名字比法语的更响亮）。在整个战斗过程中，英国人面对法军孤注一掷的突击只能严防死守，而当拿破仑大军团冲锋失败后就只顾着逃命了——这是以前从来没有过的一次狼狈溃逃。之后，法军将领康布罗纳（Cambronne）说了一个词一直流传至今——那就是当那些英国人向溃败的法军喊话让他们缴械投降时，他回答说：“Merde !”（“该死！”）这个词既诠释出滑铁卢是一场非理性的血战，也暴露了英法之间彼此强烈的仇恨。

拿破仑回到了巴黎。此后，他的一切抵抗都变得徒劳无益，并于 6 月 22 日退位。在度过了几个星期的半逃亡生活后，他打算去美国和他的哥哥约瑟夫会合。最后，他还是决定向英国人自首。6 月 19 日，他请求自己“永恒的敌人”对其宽宏大量，就像“地米斯托克利（Themistocles）在波斯国王的宫廷里找到了避难所”那样。但英国人一分钟也不愿耽搁，他们把拿破仑流放到了圣海伦娜岛—— 一座坐落在大西洋深处的荒凉孤寂的岛屿，他在那里度过了生命中最后六年的岁月。

维也纳会议

拿破仑时代已然进入尾声，欧洲大国的外交家们正在做着未来的打算。事实上，自一年前拿破仑第一次退位以来，同盟国就一直在筹划他们各自的利益分配问题。1814 年 5 月 30 日，他们第一次签订了《巴黎和约》。和约同意法兰西帝国解体，并要求法国将国界线退回到 1792 年 1 月以前的范围之内。坦率地说，这份协议对于一个让世界长期处于恐慌状态的国家来说可谓够宽宏大量了，它选择的时间节点让

拿破仑在圣海伦娜岛逝世和传奇故事的诞生

到达圣海伦娜岛两个月后，拿破仑被软禁在岛上一座名为朗伍德的别墅内。那里海拔 500 米，是一处近乎于沙漠的寸草不生的高地。这座位于大西洋的火山岛隶属于英国，是监视拿破仑行动的最佳地点，但不是最适宜居住的地方。

1815 年 10 月以后，拿破仑来到圣海伦娜岛的朗伍德居住，并长期与海风、房里透着的潮湿以及咬噬房屋家具的白蚁等作斗争。拿破仑曾向英国抗议如此恶劣的生活环境，尤其对岛上总督赫德森·罗威（Hudson Lowe）的态度提出抗议，那是个一向愁眉不展又粗鲁无礼的人。可即便生活条件再艰苦，这也不是拿破仑 51 岁就英年早逝的原因。他一直有右胸痛的毛病，但 1817 年加重了，并开始呕吐，只能进食汤汁。弥留之际，他幽居在一间阴暗的房子里，明白他的生命即将走到尽头，便吟诵了伏尔泰的诗《扎伊尔》（*Zaïre*）里的诗句："但我重见巴黎时再也不会有任何企图 / 您看到了我已做好了进坟墓的准备。"1821 年 5 月 2 日，拿破仑在几名亲信的陪伴下离开了人世。罗威宣布道："您瞧，先生们，这位是英国最大的敌人，也是我的敌人，但是我现在原谅了他所做的一切。一位如此伟大的人物去世，对此我们内心只感觉到巨大的悲痛和深切的遗憾。"拿破仑的私人医生曾对他的尸体进行过尸检，结论是他死于胃癌。可是，在过后的几年里，出现了一种异想天开的假设——拿破仑是被毒死的。1840 年，在路易-菲利普（Louis-Philippe）的要求下，英国同意向法国政府交还拿破仑的遗体。他的遗体被安放在一座巨大的石棺中（如上图所示），石棺停放在荣军院教堂圆顶下的一个墓穴里。

法国保留了已获得的重大“战利品”，如阿维尼翁和西萨瓦。同时，和约规定侵略者应立即撤出被占领土。作为交换，法国人必须交还位于比利时、德国和意大利的53个要塞给所在的地区。

在拿破仑兵败滑铁卢之后，法国的形势每况愈下。其中，100万名外籍士兵驻扎在法国北部和东部。普鲁士计划将法国解体，并要求法国赔偿巨额战争赔款。布吕歇尔将军提议摧毁耶拿桥，该桥是拿破仑为纪念耶拿战役胜利在巴黎兴建的，而这座桥对普鲁士人来说却是莫大的耻辱。最后，威灵顿将军和路易十八艰难地说服了布吕歇尔将军，方才放弃了这项建议。

1815年第二次签订的《巴黎和约》，比第一次订

外交峰会

所有参战国代表均被邀请参加维也纳会议，但是会议在几个主要欧洲大国之间进行磋商，他们的代表或使节有：奥地利首相梅特涅（Metternich）、英国外交大臣卡斯尔雷、俄国沙皇亚历山大一世、普鲁士大臣洪堡（Humboldt）和法国部长塔列朗。

上图 《维也纳会议》（*Le Congrès de Vienne*），由约翰-巴蒂斯特·伊萨贝(Jean-Baptiste Isabey）于1819年所作，现藏于巴黎卢浮宫博物馆。

立的条件更令法国难以接受。9 月，塔列朗斗胆推翻了初版，但是路易十八意识到法国已经穷途末路了，于是换下了他的部长而让性格更为温和的黎塞留公爵（Duc de Richelieu）取而代之。最后，法国只能保留 1790 年的疆域，当然也丢失了路易十四曾经征服的领地，如萨尔。和约本来还规定了一笔高达 7 亿法郎的战争赔款，以及在法驻军三年至五年的条件，最后在黎塞留的努力下同盟国收回了这部分条件。

妄图回归旧时代

除了法国的问题以外，欧洲各国政府还有其他一些问题亟待解决——25 年来的战争和革命导致了许多有关领土的问题，需要寻求各方一致认可的解决办法。正因为如此，自拿破仑第一次退位以来，各国就打算组织一次由所有欧洲国家代表参加的和平会议。从 1814 年开始，各国在维也纳召开了多次会议，经过 8 个月的谈判，于 1815 年 6 月签订和约。这份协议描绘了欧洲的政治版图，直到第一次世界大战开始之前，它在一个世纪里都维持着效力。

大会以各方坚持的主要政治原则为前提即君主制的合法性，而建立新秩序的基础则是科西嘉岛来的篡夺王位者的受害人权益得到承认，并强制性规定整个欧洲王朝复辟到原来的状态。实际上，拿破仑允许波旁王朝回归西班牙、教皇回到罗马，以此证明他已做出了此举。除了西班牙和法国，波旁家族还收复了那不勒斯（以缪拉元帅牺牲为代价，他试图绝地重生地再次收复领地而遭到枪杀）。对于哈布斯堡家族而言，他们定居在意大利北部；始终忠于维也纳朝廷的拿破仑的妻子玛丽–路易丝（Marie–Louise）成了帕尔马公爵夫人，她在那里安顿下来，并遇到了几年后成为她第二任丈夫的奈伯格伯爵（Neipperg）。

但是，在维也纳召开会议的颇有经验的各国代表很清楚，单纯回归过去只是一种不切实际的幻想，他们之间有很多利益瓜葛并导致意见不可能统一。事实上，对于收复萨克森和波兰领土的要求，一方面在俄国和普鲁士之间，另一方面在奥地利和英国之间已经挑起了新的战争。仅仅因为“百日王朝”这段插曲，所有对手才聚集在同一目标下使事情朝着同一方向发展，那就是一举打败这个曾在过去某个时间羞辱过他们的人。

1815 年 6 月 9 日的和平协议签署助长了某些国家的野心：英国接管新的殖民地（马耳他、开普敦等），并成为绝对的海上霸主；伦巴第、威尼托、蒂罗尔和加里斯并入奥地利；普鲁士吸收了 900 万名波兰人、波美拉尼亚人、萨克森人、威斯特伐利亚人和莱茵兰人；俄国将它的势力范围扩展到芬兰、比萨拉比亚和波兰，增加了 400 万人口。这次和谈的结果，对于法国来说还不算运气太差。不过，那些经历了民族意识萌芽的人民却是大输家，因为他们将面对复辟的君主专制统治（譬如意大利，它的领土被肆意分割）。自此，神圣欧洲联盟的基础已经奠定。

档案：波拿巴家族——欧洲的主宰

拿破仑那些兄弟姐妹们，依靠着他登上了欧洲王室的宝座。他们取代了衰败的旧王朝家族，但他们也必须认真地执行拿破仑的命令。

现在已进入了拿破仑时代，但想想一年以前，他那时甚至还不是法国人。事实上，在拿破仑出生的前几个月，科西嘉岛才刚刚通过与热那亚签署协议成为法国属地。实际上，拿破仑科西嘉岛的出身，也并没有对这位未来皇帝的个性塑造产生多大影响。因为，他在 10 岁那年就离开了科西嘉岛到法国本土生活了。相反，尽管他的敌人们变着法子含沙射影地讽刺他的岛国出身，而他自己却几乎忘却了他出生的那片土地，尤其是当他的家人全都被驱逐出岛的时候。不过，拿破仑倒是和意大利保持着更加亲密的联系。他说法语和意大利语，

一个欧洲王朝的崛起和衰落

1799年

拿破仑执政 拿破仑的弟弟吕西安·波拿巴给他的支持，对他起到了至关重要的作用。他也交付给了吕西安和另一位兄弟约瑟夫一些重要特权。

1806年

约瑟夫·波拿巴——那不勒斯国王 那不勒斯王国的波旁君主制被废止。

1808年

约瑟夫·波拿巴——西班牙国王 他的地位被那不勒斯的卡罗琳和缪拉元帅所取代。

1810年

路易·波拿巴离开荷兰 他在拿破仑的高压下退位。

1815年

“百日王朝”结束 约瑟夫、吕西安、热罗姆、波利娜和他们的母亲均被流放。

拿破仑的巅峰时期（左图）

让-奥古斯特-多米尼加·英格雷斯（Jean-Auguste-Dominique Ingres）所作的拿破仑肖像画，展示了拿破仑身着加冕服装，佩戴着王权象征物：查理曼的金权杖、“正义之手”手杖、月桂花环、点缀着金蜜蜂的紫色天鹅绒披风和法国荣誉军团勋章。现藏于巴黎陆军博物馆荣军院。

卡洛·波拿巴

这是拿破仑父亲的肖像画，出自于 18 世纪一幅石印画上。该画来自一本关于各执政者家族传奇故事的书。

谨慎的母后夫人

莱蒂齐亚（Letizia）曾在阿雅克修经历过苦难的生活，她36岁就开始守寡，这让她认清了世事无常的道理。时刻防范风险发生，这一执念占据了她整个内心，即使是当拿破仑到达了权力的顶峰时，她仍保持着这份警惕性。虽然她同意到巴黎和儿子居住在一起，在那里她被尊为"母后夫人"，但她更愿意住在罗马，因为她在那里感觉更自在。拿破仑的成功给她带来的不是惊喜，反而更多的是担忧。每次当她得到他的消息时，她都会叫起来："但愿它能长久！"一天，她跟一位仆人谈心，说："你们认为我很幸福，对吗？我不幸福，虽然我有四个当国王的孩子，可这么多孩子也没有一个生活在我身边，我整天不是担心这个，就是担心那个。"她的吝啬是出了名的，虽然儿子给了她100万法郎的年金，但她仍会在买东西的时候斤斤计较。拿破仑曾问她："怎么才能让您在王宫里快乐地住着呢，莱蒂齐亚夫人？您感觉厌烦，对吗？那是因为您不知道怎么享受生活，看看您的女儿们。"然后，他嘱咐她每年要花费100万法郎。"如果这样的话，您要给我200万法郎了，因为我不能控制自己不节省，这是我与生俱来的天性。"她这样回答道。现在，我们知道莱蒂齐亚将她的财富用来投资了金子和画作藏品，以防有一天她儿子被推翻或者性命攸关，而这些东西容易搬运或隐藏。当然，在这一天真的来临时，她搬到了罗马和她同母异父的弟弟约瑟夫·费什一起居住，并在那里去世，享年87岁。

插图 莱蒂齐亚·波拿巴的肖像画，由弗朗索瓦·热拉尔（François Gérard）工作室创作完成，现藏于阿雅克修费什博物馆。

对意大利文化情有独钟，始终希望自己能到阿尔卑斯山的另一边去，无论是在1796年他平生第一次参加土伦战役时，还是1805年他被封为意大利国王时，一直都怀有这份憧憬。

但是，拿破仑从科西嘉岛带来了一笔重要财富，那是伴随着他一生的财富——他的家人。他的父亲卡洛·波拿巴来自科西嘉岛上流社会家庭，殁于1785年，而其与妻子莱蒂齐亚（Letizia）一共生了13个孩子，但其中只有8个（5个男孩和3个女孩）活到成年。1793年，在保利党战胜了他们支持的雅各宾派后，拿破仑和家人逃离了科西嘉岛。他们在那里的住所被大火烧毁，不得不到法国南部避难，这里有拿破仑和他父亲的一些熟人与社会关系。

这个时期，作为母亲的莱蒂齐亚整天操心的事：一个是如何摆脱家庭经济拮据的困境，另一个就是波拿巴家族的孩子们的婚姻大事。她是一个性格坚强的女人，对家族里的孩子们产生了很大的影响。对于拿破仑在戎马生涯和政治生涯中扶摇直上，并于1800年掌控了国家大权，这已经超出了这位母亲对儿子的期望。她所有的儿子也都沾了拿破仑的光，甚至还包括了莱蒂齐亚同母异父的弟弟约瑟夫·费希（Joseph Fesch）。

家族的保护者

拿破仑于1796年和约瑟芬·博阿尔内结婚，妻子为他打开了另一扇门——通向巴黎最受欢迎的沙龙的门。拿破仑为他的兄弟姐妹们也找到了最好的位置，后来各自都获得了或多或少的成就。波利娜（Pauline），最深得拿破仑宠爱的妹妹，嫁给了勒克莱尔（Leclerc）将军；后来，将军在海地战死沙场，她又与一位意大利亲王结了婚，而此人性情非常随和。他的另一个妹妹卡罗琳，嫁给了另一位杰出的将军缪拉。不过，他的长妹埃莉萨（Élisa），在拿破仑到意大利期间嫁给了科西嘉岛一位平庸的军官。

另外，拿破仑给他的家族成员发放年金，并允许他们从事营利活动。通过这些渠道，拿破仑的亲属们积累了大笔的财富。他们都向往在巴黎拥有一所私人豪华旅馆，在旅馆周围拥有一所公寓，并效仿了他们的兄弟和约瑟芬1799年翻新改造马勒迈松城堡的做法。约瑟夫也在莫特方丹购买了一套寓所，这是他在退休后最喜欢

新王朝　科西嘉岛的小花园里种植着新欧洲王室家族的植物。该画作为英国漫画家詹姆士·吉尔雷（James Gillray）的作品，于1807年由汉娜·汉弗莱出版社出版，现藏于牛津大学新学院。

的住所。他还利用各种手段敛财，积攒了一大笔来路不明的财富。在拿破仑倒台以后，他被流放到美国，却依然拥有2500万法郎的财富。

波利娜居住在凡尔赛的小特里亚纳，远离了她的丈夫。她有150万法郎的年金，过着快乐舒适的生活并有无数情人。他们的母亲莱蒂齐亚也有100万法郎的年金，这令她很满意。挥霍无度的约瑟芬的年度开销总额高达几千万法郎，如一年之内她给自己买了980双手套、520双鞋、488件衬衣以及无数的首饰和名画等。整个家族的人都过着新晋贵族精英的奢华生活，他们比在杜乐丽宫里要热情好客且也更愿意愉悦他人，因为在那里时拿破仑强制性要求他们严格遵守宫中的繁文缛节。

拿破仑给他的家族成员带来各方面的好处，可以解释为受着地中海社会家族观念的影响。顺着这个逻辑下去，他把对家族所做的一切看作是一种传统义务，而他的家人也把他给的好处都当成是理所应当的事情。拿破仑在《圣海伦娜岛回忆录》（*Mémorial de Sainte-Hélène*）中解释了这一点，他表达了对兄弟姐妹们真挚的情感，也承认了他们经常对他进行情感勒索，并写道："哪个如此庞大的家庭可以如此齐心？即便是政治风波也没让我们分割开来，我们每个人相互之间都有爱。对于我来说，我一刻也没有停止过提醒自己我是他们的同胞兄弟。我爱他们每个人，我内心深处相信我付出了真心，也得到了他们每个人的回报。"

然而，拿破仑也不是没有抱怨过："他们伤害过我，辜负了我的这片心……我只是个落汤鸡，尤其对我的手足们来说。他们非常明白，每一次的语言攻击后，他们的顽固与固执总是占据了上风，并且他们通过疲劳战最后让我向他们妥协。"但是，这种观点更具有自我辩白的意味。

事实上，当拿破仑需要把周围亲近的人当作棋子，利用他们成功实现他的政治计划时，他显得毫不犹豫。拿破仑需要利用这些亲近的人来帮他一起描绘自己的宏伟国际化蓝图，他不会把他们当作障碍一样扫清，但更不会摒弃他的计划。可即使是他的兄弟姐妹，他们也有各自的脾气，他们不是任人摆布的提线木偶，也不愿意被这个绝对的一家之主玩弄于股掌之间。

从拿破仑当上执政官之日起，他的同胞兄弟就在关键职能上扮演着重要角色。大哥约瑟夫，时年 32 岁，负责履行各种外交职责，尤其在他的努力下于 1802 年签订了《亚眠和约》。不可否认，他此时展现出了和吕西安一样的才干，但比吕西安更雄心勃勃，更独立自主。时年仅 25 岁的吕西安，自他在雾月 18 日政变当日采取决定性行动之后，便担任部长、大使和五百人院主席等职务。拿破仑在他的加冕礼以及南征北战后，希望把他的家族成员都网罗在他自己周围，以维护他的至上权威。

1806 年，约瑟夫被拿破仑封为那不勒斯国王，但两年后又被改封为西班牙国王。28 岁的路易和不到 24 岁的热罗姆，分别被封为荷兰王国国王和威斯特伐利亚国国王。他们的姐姐埃莉萨获封"女王殿下"称号，首先得到的是两个意大利小公国——卢卡和皮翁比诺，后又在 1809 年获得了托斯卡纳大公国。波利娜最不爱过问政事，对于封给她"意大利瓜斯塔拉公主"头衔已经很知足了。卡罗琳不满足于给她一个克莱夫斯大公国和一个贝格大公国——它们是在 1806 年封给她和她丈夫缪拉的——她原本希望当上西班牙女王，最后不得已登上了那不勒斯王位，但她也感到满足了，因为那是约瑟夫离开后留下的空缺。

除此之外，上述名单上还有拿破仑的继子欧仁·德博阿尔内，他是约瑟芬与前

约瑟芬·博阿尔内子爵夫人 约瑟芬是拿破仑最心爱的女人，但他的帝国野心促使他与其离婚而迎娶奥地利公主玛丽-路易斯。这幅作品由弗朗索瓦·热拉尔所作，现藏于圣彼得堡艾尔米塔什博物馆。

夫的儿子。1805 年，拿破仑任命他为意大利总督。第二年，欧仁与巴伐利亚国王的女儿成婚。直至 1811 年拿破仑与奥地利公主玛丽-路易斯生的儿子出生之前，欧仁一直被当作王位继承人。他是一位英勇杰出的将军，这一点是拿破仑所有的兄弟都无法企及的。最后，还有一位值得提及，他也是新封的法兰西亲王们形成的欧洲王室家族网中的成员——贝尔纳多特将军，德茜蕾·克拉里（Desirée Clary）的丈夫。德茜蕾是约瑟夫·波拿巴的妻妹，也是拿破仑的第一任未婚妻。1810 年，贝尔纳多特成为瑞典王储，他是最早一批与拿破仑帝国命运决裂的人。

一个革新派的王朝

令人奇怪的是，这些初出茅庐的统治者们虽然都很年轻，但他们都是相当英明的统治者。他们都在所统治的领地上进行政治改革，而他们的臣民们都表现出了真实的归属感和认同感。最有经验的要数约瑟夫·波拿巴，他在那不勒斯兴修照明系统并设立了多所公立学校。在西班牙，他也继续实施了类似的计划，并兴建了国立博物馆，建立了一套剧院规章等。约瑟夫认为用绥靖和妥协的思想以及怀柔的方法，更容易使西班牙人民臣服，而不是像他弟弟那样用武力使之屈服。

同样，荷兰国王路易也从本国经济利益出发，抵制实施欧洲大陆封锁政策。这项政策阻碍了荷兰王国与英国之间的自由贸易往来，而这对荷兰王国来说至关重要。埃莉萨也在托斯卡纳的立法方面做出了不少贡献。卡罗琳因有个好嫉妒的丈夫，使她无法插手国家的全部事务，但当她在 1812 年统治那不勒斯时，也就是俄国战争时期，仍然政绩斐然。相反，作为威斯特伐利亚国王的热罗姆，让他“名留青史”的则是他在卡塞尔王宫中铺张浪费的生活作风以及令人瞠目结舌的开销数目。

虽然拿破仑的兄弟姐妹们都把成为英明的统治者当作理想，也实际运用了恰当的治国方略，但有一件事实是无法否认的，那就是他们的权力都是外部强加于他们的，同时他们夺权者和篡位者的身份也是无法改变的。因此，波拿巴家族在人们心中不太受欢迎，只获得了少数民众的支持。在西班牙，约瑟夫总是怀有良好的愿望，但他无不惋惜地对拿破仑说道：“没有一个西班牙人支持我，除了一小撮跟随我而来的人。”“我的情况在历史上是前所未见的——没有一个拥护我的人。”

至于拿破仑，他时刻提醒着他的兄弟姐妹们是他让他们过上了现在的王室生活，因此他们需要为他效力。他曾写信给约瑟夫说：“至于您周围的那些坏蛋们，他们只等着爆发一场战争……您最好先听取我的意见。”他对路易说：“所有人都知道，没有我，你们什么也成不了。”对于热罗姆，拿破仑经常数落他在战场上的表现，说他的态度无法为军队起到身先士卒的作用。拿破仑对他说：“您有辱我的军队和您自己的名声。”最后，拿破仑提醒埃莉萨说：“您是臣民，和所有法国人一样都需要遵守部长们的命令。”

对此，拿破仑不只是嘴上说说，他必然是会付诸行动的。自 1810 年开始，他就直接干涉他的兄弟姐妹们所属各国的国家事务，并且不征求他们的意见。1810 年 2 月，他兼并了西班牙东北部地区的一些省份并划归法国所有，即埃布罗河左岸地区。这一行动让那一小部分支持约瑟夫的西班牙民众完全丧失了对他的信任，而这位西班牙国王曾向拿破仑派来的大使敞开心扉地说出了这番话。这位大使把他的话传到了巴黎，拿破仑说约瑟夫“对他的国民来说没有任何意义”，只不过是这份兼并

玛丽-路易斯：一个给波拿巴王朝传宗接代的“子宫”

拿破仑处理他的离婚和再婚，就如同处理一件普通的家庭事务。他召集他的亲友们，向他们宣布了他将与约瑟芬离婚的决定。约瑟芬也在场，她为了保持自尊同意了他的决定。很快，拿破仑再次召集他的家人和部长们，征询他们的意见以选择最合适的配偶。这位候选人应该是奥地利、俄国或是萨克森公主，因为这段婚姻不但要为拿破仑延续香火，还要巩固法国与该国的同盟。虽然大家意见不统一，但拿破仑自己已做了选择：奥地利公主玛丽-路易斯将成为他的结婚对象。这位 19 岁的年轻女孩的出众之处，不仅在于她的美貌，还有她温和的性格，以及她来自一个多子女的家庭。从这个角度来讲，拿破仑赢得了赌注，因为 1811 年他唯一的婚生儿子拿破仑二世出生了。但是，这场政治联姻未能让拿破仑与奥地利皇帝之间的关系得到缓和。奥地利皇帝想从这场联姻中获得更多好处，因为他把女儿下嫁给了一个来自科西嘉岛的将军。两年后，奥地利人加入反法联盟，而这次联盟战胜了法兰西帝国。

插图 上图，弗朗索瓦·热拉尔的绘画作品，现藏于维也纳昆斯托里斯博物馆。左图，《拿破仑二世（Napoléon II）——罗马国王》，由莫里茨·迈克尔·达芬格（Moritz Michael Daffinger）所作，现藏于米兰复兴博物馆。

西班牙领地的诏令“让他失去了权威”。同样的情形也发生在荷兰，该国也于 1810 年被并入法国。

这样的独裁统治只会在拿破仑和他的兄弟之间制造紧张局面，而他们也曾受法国大革命时期的自由主义思潮的影响。在拿破仑的几个兄弟当中，吕西安是最具有政治意识的一个，从一开始他就看出了哥哥的专制倾向。早在督政府统治时期，他们兄弟俩就开始越来越意见不合、相处不睦了。吕西安瞒着哥哥拿破仑和一位贵族小姐结了婚，而这是两人不睦的起因。拿破仑对此勃然大怒，最终导致吕西安离开了意大利。至于路易，他在 1810 年面对哥哥的施压时采取了让步，离开了荷兰，并永远远离了政治。约瑟夫也极不情愿受法兰西帝国的支配；埃莉萨则住进了爱丽舍宫，她在那里发动小团体对抗拿破仑。

他们之间的关系虽如此微妙，但拿破仑在《圣海伦娜岛回忆录》中肯定了这一事实：他的兄弟姐妹们都在内心深处爱着他，而他很明白这一点，正如同他爱他们一样。如果说 1813 年拿破仑帝国大厦开始出现裂痕时，他们中的少数几个还企图捞点个人好处的话，那么在“百日王朝”期间他们可都是一起跑来拥护拿破仑的，甚至包括从不向他屈服的吕西安，他也相信他的哥哥终将成为真正的立宪君主。

哈布斯堡王朝的玛丽-路易斯

如果拿破仑早点有子嗣的话，他也不会对亲属间的情感有如此大的依赖。约瑟芬在第一段婚姻里有两个孩子，这使拿破仑在很长一段时间里都认为自己没有生育能力。但是，他的两段婚外情经历—— 一段是与皇后的侍女，另一段是与年轻的波兰公爵夫人玛丽·瓦莱斯卡——让他否定了这种想法，因为她们都让他有了后代。

拿破仑和奥地利公主玛丽-路易斯结婚一年以后，他的继承人——拿破仑二世诞生了。他对这个儿子的出生满心欢喜，以至于他在和前妻约瑟芬的信中都流露出作为父亲的满足感。他写道：“我儿子长得胖乎乎的，很健康。我希望他一切都好。他长着和我一样的胸膛、一样的嘴、一样的眼睛，我在他身上寄予了很大希望。”当他两次退位时，他都建议由他的儿子拿破仑二世继承王位，但最终无果。这个年轻的小伙子接受的是维也纳王宫的教育，他在那里被命名为“弗朗茨”，21 岁时因患肺结核去世。

波拿巴家族在欧洲

拿破仑把他的兄弟姐妹们都扶上了欧洲王室的宝座，这不仅可以阐释为是他的根深蒂固的家庭观念在起作用，还可以说他是想通过他们建立起一个强大、现代和高效的王朝，且不同于腐朽的旧统治时代的王室。撇开人们对拿破仑低微家庭出身的陈旧偏见不谈，这些“拿破仑家族成员”——人们对他们的称呼，在拿破仑的严格掌控下，都能够全身心地投入到外交和摄政活动中。1820 年，拿破仑在圣海伦娜岛流放期间，对他的抉择作了一番解释：“毫无疑问，家族亲缘有一定价值；但这种价值如昙花一现。如果说它在历朝历代经常产生影响，但它从没有影响我做出的决定——把我的兄弟们册封为荷兰国王、威斯特伐利亚国王、那不勒斯国王和西班牙国王；封他们为王，我头脑里想的是他们仅仅是作为王国的总督，我的政治代理人，而我在法国人的行列里把他们召集起来，因为他们符合我完成全面和平目标或者重塑欧洲大陆版图的需要。”事实上，他如此慷慨地将那些土国领地分封给他的家人们，他们却也只有作为附属国依赖于法兰西帝国的命运。

拿破仑早期的纹章 皇冠下有一只金鹰，象征罗马帝国，后面是蔚蓝色背景。这块盾形纹章边缘一圈是荣誉军团的颈饰。

北海
瑞典王国
丹麦王国
让-巴蒂斯特·贝尔纳多特 ∞ 德茜蕾·克拉里
瑞典国王与王后
路易·波拿巴
荷兰国王
弗里斯
荷兰
荷兰
普鲁士王国
威斯特伐利亚王国
俄罗斯帝国
贝格大公国
华沙大公国
西斯赫尼亚
热罗姆·波拿巴
威斯特伐利亚国王
法兰西帝国
莱茵联邦
纳沙泰尔公国
瑞士联邦
奥地利帝国
萨伏伊
瓦莱州
欧仁·德博阿尔内
意大利亲王
意大利王国
伊利里亚省
皮耶蒙特
瓜斯塔拉公国
托斯卡纳
奥斯曼帝国
卢卡与皮奥恩比诺公国
波利娜·波拿巴
瓜斯塔拉女王
埃莉萨·波拿巴
托斯卡纳女大公
教皇国
贝内文托公国
那不勒斯王国
中海
卡罗琳·波拿巴 ∞ 若阿尚·缪拉
那不勒斯王后与国王

附 录

插图（左侧） 马克西米利安·罗伯斯庇尔（1758—1794）的肖像画，小让-米歇尔·莫罗（Jean-Michel Moreau le Jeune）所作，现藏于凡尔赛兰比内特博物馆。

1815年的欧洲

德意志联邦的界限
自由的城市
克里斯蒂安尼
（奥斯陆）
挪威王国
北海
爱丁堡
丹麦王国
都柏林
哥本哈根
利物浦
奥尔登堡大公国
英国
吕贝克
汉堡
阿姆斯特丹
不莱梅
汉诺威王国
柏林
荷兰王国
普利茅斯
伦敦
加来
布鲁塞尔
科隆
大西洋
勒阿弗尔
黑森大公国
拿骚公国
法兰克福
美因茨
巴黎
梅斯
巴伐利亚王国
巴登大公国
南特
斯特拉斯堡
符腾堡王国
法兰西王国
慕尼黑
纳沙泰尔公国
苏黎世
利摩日
伯尔尼
因斯布鲁克
波尔多
里昂
日内瓦
米兰
图卢兹
威尼斯
帕尔马公国
波尔图
潘普洛纳
热亚那
帕尔马
巴利亚多利德
安道尔公国
摩德纳
葡萄牙王国
马赛
尼斯
马萨公国
摩纳哥公国
萨拉戈萨
佛罗伦萨
里斯本
马德里
巴塞罗那
教皇国
萨丁尼亚王国
西班牙王国
阿雅克肖
罗马
瓦朗斯
帕尔马
（西班牙）
塞维利亚
摩德纳公国
加的斯
马加拉
格拉纳达
地中海
卡利亚里
卢卡公国
直布罗陀
丹吉尔
休达
阿尔及尔
巴勒莫
梅利利亚
瓦赫兰
安纳巴
非斯
突尼斯

乌普萨拉
斯德哥尔摩
瑞典王国
赫尔辛基
圣彼得堡
大诺夫哥罗德
喀山
下诺夫哥罗德
里加
莫斯科
萨马拉
维捷布斯克
斯摩棱斯克
维尔纽斯
柯尼斯堡
丹齐格
俄罗斯帝国
普鲁士王国
华沙
克拉科夫共和国
基辅
萨克森王国
亚速
维也纳
布拉迪斯拉发
布达佩斯
奥地利帝国
敖德萨
塞瓦斯托波尔
黑 海
第比利斯
贝尔格莱德
布加勒斯特
瓦尔纳
锡诺普
特拉比松
尼什
索菲亚
萨拉古
伊斯坦布尔
都拉斯
奥 斯 曼 帝 国
安卡拉
塔兰托
塞萨洛尼基
克拉基岛
士麦那
雷焦
雅典
阿勒颇
罗得岛
尼科西亚

对照年表

法国

1780—1788

- 废除酷刑
- 财务总审计长内克尔被革职
- 限制贵族获得军衔的法令
- 国王和巴黎议会间的矛盾
- 召开全国三级会议

文化事件：

- 博马舍（Beaumarchais）的《费加罗的婚礼》（*Nocesde Figaro*）首演
- 大卫展出他的画作《荷拉斯兄弟之誓》（*Le Serment des Horaces*）

1789—1794

- 巴黎人民攻占巴士底狱
- 《人权和公民权利宣言》（*Déclaration des Droits de l'hommeet du citoyen*）发表
- 波旁王室逃亡并在瓦纳雷被抓捕
- 千名被控有反革命行径的囚徒遭屠杀
- 路易十六被处决
- 雅各宾派成员掌权并召开“山岳派”国民公会
- 罗伯斯庇尔和他的 22 个拥护者被处死

1795—1799

- 为生计起义：反抗雅各宾派的运动
- 共和三年宪法：督政府
- 拿破仑镇压巴黎保王党暴动
- 巴贝夫与“平等派”策划了一场起义，以失败告终
- 拿破仑解散督政府，当上执政官

文化事件：

- 法兰西学院成立
- 拉普拉斯（Laplace）发表《宇宙体系论》（*Exposition du système du monde*）

欧洲

1780—1788

- 小威廉·皮特（William Pitt），1783—1806 年任英国首相
- 荷兰爆发革命
- 比利时爆发革命
- 俄国与土耳其战争
- 丹麦废除奴隶制

文化事件：

- 由伊曼努尔·康德（Emmanuel Kant）所著的《纯粹理性批判》（*Critique de la raison pure*）发表
- 英国报纸《泰晤士报》（*The Times*）成立
- 拉瓦锡（Lavoisier）发现“质量守恒定律”

1789—1794

- 马拉斯皮纳（Malaspina）出征太平洋
- 波兰确立立宪制度
- 第一次反法同盟战争（1792—1797）
- 荷兰宣告成立巴达维亚共和国
- 第二次瓜分波兰

文化事件：

- 莫扎特（Mozart）去世
- 詹纳（Jenner）的天花疫苗试验成功

1795—1799

- 第三次也是最后一次瓜分波兰
- 《坎波福尔米奥和约》签订，法国获得了莱茵兰、比利时和米兰公国的统治权
- 赫尔维蒂共和国建立
- 爱尔兰第二次起义反对英国殖民统治
- 第二次反法同盟战争（1799—1802）

文化事件：

- 席勒的戏剧《瓦伦斯坦》（*Wallenstein*）首演
- 博尔顿和瓦特设计建造的有七层生产车间的棉纺厂是工业建筑的典范

其他文明

1780—1788

- **美洲：**《巴黎和约》：北美独立战争结束
- 秘鲁图帕克·阿马鲁二世（Túpac Amaru II）起义
- **亚洲：** 英国稳固了其在印度的统治地位

1789—1794

- **美洲：** 华盛顿（Washington）当选美国总统
- **亚洲：** 中国白莲教起义
- 波斯处于卡扎尔王朝的完全掌控下

文化事件：

- 托马斯·潘恩（Thomas Paine）发表《人权论》（*Les Droits de l'homme*）

1795—1799

- **非洲：** 蒙戈·帕克（Mungo Park）考察尼日尔河
- 拿破仑远征埃及
- **美洲：** 阿拉斯加落入俄国沙皇手中
- **亚洲：** 韦尔斯利勋爵（Lord Wellesley）征服东印度
- 荷兰东印度公司破产之后，印尼被荷兰人统治

1800—1804

- 设立法兰西银行
- 拿破仑在巴黎遇刺
- 拿破仑与教皇达成和解协议，并加强对法国教会的控制
- 颁布新《民法典》（*Codecivil*）
- 当甘公爵遭绑架并受审
- 拿破仑加冕为皇帝

文化事件：

- 夏多布里昂发表散文集《基督教真谛》（*Le Génie du christianisme*）
- 盖-吕萨克（Gay-Lussac）发现气体膨胀定律并成功进行气球升空试验，实验高度超过 7000 米

1805—1811

- 法国入侵奥地利
- 拿破仑取得奥斯特里茨战役胜利
- 《米兰敕令》（*Décret de Milan*）和对英实施“大陆封锁”
- 拿破仑娶玛丽-路易斯（奥地利皇帝的女儿）为妻
- 荷兰并入法兰西帝国
- 拿破仑二世出生，他是拿破仑之子，也是王位继承人

文化事件：

- 废除共和历

1812—1815

- 法军从俄国败北归来
- 拿破仑在莱比锡战役中失利
- 盟军进入巴黎
- 拿破仑退位并被流放到厄尔巴岛
- 拿破仑回到法国并驱逐波旁王室，夺回政权
- 拿破仑在滑铁卢战役中彻底失败，随即退位
- 拿破仑被转移到圣海伦娜岛

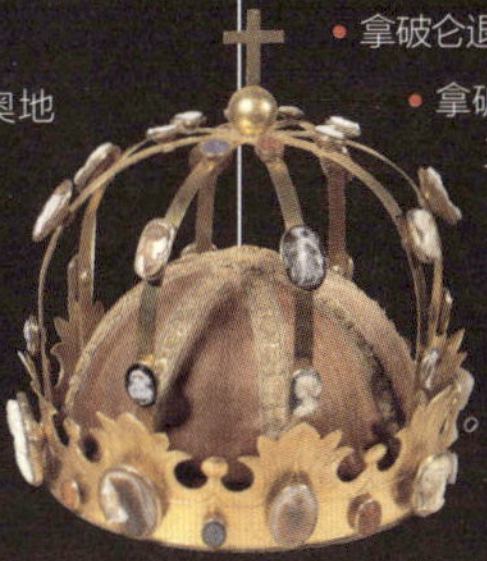

1800—1804

- 马伦哥之战后法国占领意大利北部
- 《吕内维尔和约》
- 《亚眠和约》

文化事件：

- 贝多芬创作完成《第三交响曲》（《英雄交响曲》，*Symphonie No.3[Héroïque]*）
- 德国数学家卡尔·弗里德里希·高斯（Carl Friedrich Gauss）对数论研究的贡献

1805—1811

- 第三次反法同盟战争
- 特拉法尔加战役
- 奥斯特里茨战役，奥地利投降
- 日耳曼民族神圣罗马帝国终结
- 第四次反法同盟战争；耶拿和奥尔施泰特战役后普鲁士投降
- 《提尔西特和约》
- 西班牙爆发起义反对法国占领
- 第五次反法同盟战争；瓦格拉姆战役奥地利战败
- 英国工业地区发生卢德起义

1812—1815

- 英国外交部长卡斯尔雷发起反对拿破仑的欧洲国家同盟
- 维多利亚战役后法军撤离西班牙
- 希腊民族主义者反抗奥斯曼帝国压迫
- 贝尔纳多特成为瑞典国王查理十四世
- 维也纳会议通过了《巴黎和约》，迫使法国交还已被其占领的领土

1800—1804

- **美洲：** 杰斐逊（Jefferson）当选美国总统
- 拿破仑将路易斯安纳地区卖给美国
- 刘易斯（Lewis）和克拉克（Clark）远征，自东向西穿越北美洲
- 德萨林斯（Dessalines）宣布海地独立
- **亚洲：** 安南皇帝阮福映（嘉隆帝，Nguyen Anh [Gia Long]）统治整个越南
- **大洋洲：** 马修·福林达斯（Matthew Flinders）勘探澳大利亚海岸线

1805—1811

- **非洲：** 英国人经营开普殖民地
- **美洲：** 委内瑞拉米兰达（Miranda）领导的反对西班牙殖民统治起义失败
- 来自欧洲的定居者从英国人手里夺回了布宜诺斯艾利斯
- 葡萄牙王室迁往巴西
- 神甫伊达尔哥（Hidalgo）为多洛雷斯发出呐喊，这是墨西哥独立战争的开始

1812—1815

- **美洲：** 第二次美国独立战争，向英宣战
- 玻利瓦尔（Bolivar）进入加拉加斯，他在那里被授予“解放者”的称号
- 阿根廷召开立宪大会
- **亚洲：** 奥斯曼帝国在麦加和麦地那进攻瓦哈比教派教徒

统治者名称表

法国

国王

路易十六（Louis XVI） 1774—1792
路易十八（Louis XVIII） 1814—1824

救国委员会

1793年7月

柏兰特·拜雅（Bertrand Barère），蒂菲尔·贝里尔（Théophile Berlier），让-雅克·布雷亚尔（Jean-Jacques Bréard），皮埃尔·约瑟夫·康朋（Pierre Joseph Cambon），乔治·丹东（Georges Danton），让·安托万·德波里（Jean Antoine Debry），让-弗朗索瓦·德拉克洛瓦（Jean-François Delacroix），让-弗朗索瓦·德尔马斯（Jean-François Delmas），路易·伯纳德·盖顿·莫沃（Louis Bernard Guyton Morveau），雅克·亚力克西斯·苏里奥特（Jacques Alexis Thuriot），让-巴蒂斯特·特雷哈尔德（Jean-Baptiste Treilhard）

1793年9月

柏兰特·拜雅，雅克·比约-瓦伦（Jacques Billaud-Varenne），拉扎尔·卡诺（Lazare Carnot），让-玛丽·科洛·德布瓦（Jean-Marie Collot d'Herbois），乔治·库东（Georges Couthon），让-玛丽·艾罗·德西谢拉（Jean-Marie Hérault de Séchelles），罗伯特·兰代（Robert Lindet），皮埃尔-路易·普里厄·德拉马尔（Pierre-louis Prieur de la Marne），克劳德-安托万·普里厄·德拉科尔多（Claude-Antoine Prieurdela Côte d'or），马克西米连·罗伯斯庇尔（Maximilien Robespierre），安德烈·让邦·圣-安德烈（André Jeanbon Saint-André），路易·安托万·圣茹斯特（Louis Antoine Saint-Just）

督政府

1795

让-弗朗索瓦·勒贝尔（Jean-François Rewbell），保罗·巴拉斯（Paul Barras），路易-玛丽·德拉拉勒维里-勒博（Louis-Marie de la Révellière-Lépeaux），埃蒂安-弗朗索瓦·勒图尔纳（Etienne-François le Tourneur），拉扎尔·卡尔诺（Lazare Carnot）

1797

让-弗朗索瓦·勒贝尔，保罗·巴拉斯，路易-玛丽·德拉拉勒维里-勒博，菲利普-安托万·麦尔兰·德杜艾（Philippe-Antoine Merlin de Douai），尼古拉-路易·弗朗索瓦·德纳沙托（Nicolas-Louis François de Neufchâteau）

1798

让-弗朗索瓦·勒贝尔，保罗·巴拉斯，路易-玛丽·德拉拉勒维里-勒博，菲利普-安托万·麦尔兰·德杜艾，让-巴蒂斯特·特雷哈尔德

1799（5月16日）

埃马纽埃尔·约瑟夫·西哀士（Emmanuel Joseph Sieyès），保罗·巴拉斯，路易-玛丽·德拉拉勒维里-勒博，菲利普-安托万·麦尔兰·德杜艾，让-巴蒂斯特·特雷哈尔德

1799（6月18日）

埃马纽埃尔·约瑟夫·西哀士，保罗·巴拉斯，皮埃尔-罗歇·杜科（Pierre-Roger Ducos），让-弗朗索瓦·莫林（Jean-François Moulin），路易·格耶尔（Louis Gohier）

执政府

1799（11月10日）

拿破仑·波拿巴（Napoléon Bonaparte），埃马纽埃尔·约瑟夫·西哀士，皮埃尔-罗歇·杜科

1800（1月1日）

拿破仑·波拿巴，让-雅克·雷吉斯·德冈巴塞雷斯（Jean-Jacques Régis de Cambacérès），夏尔-弗朗索瓦·勒布伦（Charles-François Lebrun）

法兰西第一帝国

拿破仑一世（Napoléon Ier Bonaparte） 1804—1815

英国

国王

乔治三世（George III） 1760—1820

首相

小威廉·皮特（William Pitt le Jeune） 1783—1801
亨利·阿丁顿（Henry Addington） 1801—1804
小威廉·皮特（William Pitt le Jeune） 1804—1806
格伦维尔勋爵（Lord Grenville） 1806—1807
波特兰公爵（Duc de Portland） 1807—1809
斯宾塞·珀西瓦尔（Spencer Perceval） 1809—1812
利物浦伯爵（Comte de Liverpool） 1812—1827

葡萄牙

国王/女王

佩德罗三世（Pierre III） 1777—1786
玛丽一世（Marie Ier） 1777—1816

西班牙

国王

查理三世（Charles III） 1759—1788
查理四世（Charles IV） 1788—1808
何塞一世（Joseph Ier Bonaparte） 1808—1814

奥地利

皇帝

神圣罗马帝国

约瑟夫二世（Joseph II） 1765—1790
利奥波德二世（Léopold II） 1790—1792
弗朗茨二世（François II） 1792—1806

奥地利帝国

弗朗茨二世（François II） 1804—1835

萨伏伊王朝

国王

维托里奥-阿梅迪奥三世（Victor-Amédée III） 1773—1796
卡洛-艾曼努尔四世（Charles-Manuel IV） 1796—1802

那不勒斯王国和西西里王国

那不勒斯王国国王

斐迪南四世（Ferdinand IV） 1759—1806
朱塞佩一世（Joseph Ier Bonaparte） 1806—1808
乔阿基诺一世（Joachim Ier Bonaparte） 1808—1815
斐迪南四世（Ferdinand IV） 1815—1816

西西里王国国王

斐迪南三世（Ferdinand III） 1759—1816

两西西里王国国王

斐迪南一世（Ferdinand Ier） 1816—1825

瑞典

国王

古斯塔夫三世（Gustave III）	1771—1792
古斯塔夫四世·阿道夫（Gustave IV Adolphe）	1792—1809
查理十三世（Charles XIII）	1809—1818

丹麦

国王

克里斯蒂安七世（Christian VII）	1766—1808
弗雷德里克六世（Frédéric VI）	1808—1839

俄罗斯

沙皇/女沙皇

叶卡捷琳娜二世（Catherine II）	1762—1796
保罗一世（Paul Ier）	1796—1801
亚历山大一世（Alexandre Ier）	1801—1825

摩洛哥

苏丹

穆罕默德三世（Mohammed III）	1757—1790
阿尔-耶齐德（Al-Yazid）	1790—1792
苏莱曼（Sulayman）	1792—1822

奥斯曼帝国

苏丹

阿卜杜勒米哈德一世（Abdülhamid Ier）	1774—1789
塞利姆三世（Selim III）	1789—1807
穆斯塔法四世（Mustapha IV）	1807—1808
马哈茂德二世（Mahmud II）	1808—1839

波斯帝国

皇帝

阿迦·穆罕默德汗（Agha Mohammad Khan）	1794—1797
法特·阿里（Fath Ali）	1797—1834

莫卧儿帝国

皇帝

沙·阿拉姆二世（Shah Alam II）	1759—1806
阿巴克·沙二世（Akbar Shah II）	1806—1837

中国

皇帝

弘历（Hongli）	1735—1796
永琰（Yongyan）	1796—1820

日本

天皇

光格天皇（Tomohito）	1780—1817

德川幕府将军

德川家治（Ieharu）	1760—1786
德川家齐（Ienari）	1786—1837

美国

总统

乔治·华盛顿（George Washington）	1789—1797
约翰·亚当斯（John Adams）	1797—1801
托马斯·杰斐逊（Thomas Jefferson）	1801—1809
詹姆斯·麦迪逊（James Madison）	1809—1817

海地

总统

杜桑·卢维杜尔（Toussaint Louverture）	1801—1802（终身总督）
让-雅克·德萨林（Jean-Jacques Dessalines）	1804—1806（总督兼皇帝）
亨利·克里斯托夫（Henri Christophe）（1806—1807担任总督，1807—1811担任总统，1811—1820担任国王）	1806—1820
亚历山大·佩蒂翁（Alexandre Pétion）	1806—1818（统治海地南部）

新西班牙总督辖区

马丁·德马约加（Martín de Mayorga）	1779—1783
马蒂斯·德加尔维斯-加拉多（Matías de Gálvez y Gallardo）	1783—1784
伯纳多·德加尔维斯（Bernardo de Gálvez）	1785—1786
尤塞比奥·桑切斯·帕雷亚-贝里诺（Eusebio Sánchez Pareja y Beleño）	1786—1787
阿隆索·努涅斯·德哈罗-佩拉尔塔（Alonso Núñez de Haro y Peralta）	1787
曼努埃尔·安东尼奥·弗洛雷斯（Manuel Antonio Flores）	1787—1789
胡安·维森特·德古梅斯（Juan Vicente de Güemes）	1789—1794
米格尔·德拉鲁格（Miguel de la Grúa）	1794—1798
米格尔·何塞·德阿赞萨（Miguel José de Azanza）	1798—1800
费力克斯·贝伦格·德马奎纳（Félix Berenguer de Marquina）	1800—1803
何塞·德伊图里加雷（José de Iturrigaray）	1803—1808
佩德罗·德加里贝（Pedro de Garibay）	1808—1809
弗兰西斯科·哈维尔·德利萨纳-博蒙特（Francisco Javier de Lizana y Beaumont）	1809—1810
弗朗西斯科·哈维尔·韦尼加斯（Francisco Javier Venegas）	1810—1813
费力克斯·马丽亚·卡雷加·德尔雷（Félix María Calleja del Rey）	1813—1816

秘鲁总督辖区

特奥多罗·德克鲁瓦（克鲁瓦骑士）（Teodoro de Croix，chevalier de Croix）	1784—1790
弗兰西斯科·吉尔·德塔博亚达-雷莫斯（Francisco Gil de Taboada y Lemos）	1790—1796
安布罗斯·奥希金斯（奥索尔诺侯爵）（Ambrosio O'Higgins，marquis d'Osorno）	1796—1801
加布里埃尔·德阿维莱斯-德尔菲耶罗（阿维莱斯侯爵）（Gabriel de Avilés y del Fierro，marquis d'Avilés）	1801—1806
何塞·费尔南多·德阿巴斯卡尔-索萨（康科侯爵）（José Fernando de Abascal y Sousa，marquis de la Concordia）	1806—1816

图书在版编目（CIP）数据

法国大革命与拿破仑 / 美国国家地理学会编著；林思遥，张译尹译-- 北京：现代出版社，2020.8

（美国国家地理全球史）

ISBN 978-7-5143-8419-2

Ⅰ．①法… Ⅱ．①美… ②林… ③张… Ⅲ．①法国大革命②拿破仑（Napoleon, Bonaparte 1769-1821）- 人物研究 Ⅳ．①K565.41②K835.655.2

中国版本图书馆CIP数据核字（2020）第048806号

版权登记号：01-2020-2644

由北京久久梦城文化发展有限公司代理引进

法国大革命与拿破仑（美国国家地理全球史）

编 著 者：美国国家地理学会
译　　者：林思遥　张译尹
策划编辑：吴良柱
责任编辑：张　霆　谢　惠
内文排版：北京锦创佳业文化传播有限公司
出版发行：现代出版社
通信地址：北京市安定门外安华里504 号
邮政编码：100011
电　　话：010-64267325　64245264（兼传真）
网　　址：www.1980xd.com
电子邮箱：xiandai@vip.sina.com
印　　刷：固安兰星球彩色印刷有限公司

开　　本：710mm*1000mm 1/16
印　　张：14.5　　字　　数：211千
版　　次：2020年8月第1版　　印　　次：2023年6月第4次印刷
书　　号：ISBN 978-7-5143-8419-2
定　　价：68.00元